Delphine Gilles Cotte

MONTESSORI
en casa

**80 juegos pedagógicos
para fabricar uno mismo**

Traducción de Tamara Somoza

edaf

MADRID - MÉXICO - BUENOS AIRES - SANTIAGO
2017

ÍNDICE

p16 Ejercicios PRELIMINARES

p64 Verter líquidos y TRASVASAR

p32 Vida PRÁCTICA

p84 Descubriendo LOS SENTIDOS

Título original: *Montessori à la maison,* por
Delphine Gilles Cotte
© 2014 Groupe Eyrolles, París, Francia

© 2017. De esta edición, Editorial EDAF, S.L.U.,
por acuerdo con ACER, Agencia Literaria, c/
Amor de Dios, 1, 28001 Madrid, España.
© De la traducción: Tamara Somoza Gil.

Maquetación: Diseño y Control Gráfico, S.L.

Febrero de 2017

ISBN: 978-84-414-3710-4
Depósito legal: M-536-2017

PRINTED IN SPAIN - IMPRESO EN ESPAÑA
Cofás

Editorial Edaf, S.L.U. Jorge Juan, 68,
28009 Madrid, España
Teléf.: (34) 91 435 82 60
www.edaf.net edaf@edaf.net

Ediciones Algaba, S.A. de C.V.
Calle 21, Poniente 3323 - Entre la 33 sur y la 35 sur
Colonia Belisario Domínguez
Puebla 72180 México
Telf.: 52 22 22 11 13 87
jaime.breton@edaf.com.mx

Edaf del Plata, S.A. Chile, 2222
1227 Buenos Aires (Argentina)
edaf4@speedy.com.ar

Edaf Chile, S.A.
Coyancura, 2270, oficina 914, Providencia Santiago - Chile comercialedafchile@edafchile.cl

Créditos fotográficos: material cedido por Groupe
Eyrolles.

PREFACIO

Con este libro aprenderás a elaborar materiales inspirados en la pedagogía Montessori y a presentar las actividades a los niños. Lo que estos necesitan es fundamentalmente que se los anime y se los acompañe con cariño en su aprendizaje. Esta pedagogía es accesible para todo el mundo y contribuye a ello en gran medida. Tras formarme en pedagogía Montessori, puse en marcha actividades en casa con mis hijos y en la clase para niños con necesidades especiales en la que trabajaba. Desde entonces he creado un taller, Les Fées Coccinelles [Las Hadas Mariquitas], que constituye un lugar de acogida abierto a todos los niños, sin distinciones.

A partir de los dos años pueden manipular materiales sensoriales en un universo colorido y libre, abierto a la exploración, lo cual les permite aprender y crecer. Se trata asimismo de un espacio de intercambio y de formación para adultos.

Inspirándome en diversos libros y en mis investigaciones, pero, sobre todo, observando a diario a los niños, empecé a poner por escrito, con todo detalle, los juegos de inspiración Montessori que he elaborado y utilizado con ellos, y que podrás encontrar en este libro.

Mi principal objetivo fue, por una parte, respetar la pedagogía de Maria Montessori y, por otra, adaptar los materiales para hacerlos tan accesibles como fáciles de elaborar y de usar de forma cotidiana.

¡Más Montessori, más!
Clémence, 2 años

Este libro se dirige a todos:

- A **padres** que deseen compartir otros juegos con sus hijos.
- A **madres de día** con ganas de ofrecer a los niños a su cargo, en vez de juguetes ruidosos y de colores chillones, materiales fabricados de forma conjunta por grandes y pequeños.
- A **educadores** que quieran variar las actividades en el aula para desarrollar los sentidos, la concentración y la confianza en uno mismo.

- A **niños excepcionales,** con necesidad de que se aprovechen sus capacidades. Estos materiales contribuyen a ello plenamente.
- A **personas mayores o enfermas,** que también necesitan estimulación.

Como verás, de mis palabras se desprende que esta pedagogía me apasiona y que estoy muy familiarizada con ella. Cuando empieces

> Cuando comprendamos todo lo que el niño aprende por sí mismo, sabremos mejor hasta dónde puede llegar el ser humano.
> Maria Montessori

a informarte y a poner en práctica estas actividades, ya no podrás ni *actuar* ni *hablar* como antes. Si deseas profundizar en este método, puedes buscar los libros citados en la bibliografía o seguir algún curso de formación en la AMI (Asociación Montessori Internacional).

Lo han puesto a prueba… y le dan el visto bueno

Régine, Aude y Cécile son profesoras de educación infantil. Utilizan estos materiales en clase y como refuerzo: «Las actividades Montessori han ayudado a los niños a los que les faltaba confianza en sí mismos: les han permitido adentrarse en los aprendizajes. Muchas exploraciones y experimentaciones se validan a sí mismas. Las cosas hermosas (objetos de uso cotidiano, vajilla, herramientas, adornos…) tienen una dimensión diferente a la de las que se suelen emplear en el aula. Son objetos de adultos a los que los niños les dan otro valor. La elección, muy importante, permite a cada uno encontrar lo que más le conviene, aquello que se ajusta a sus necesidades. A nosotras, como educadoras, las actividades Montessori nos han permitido regresar a la manipulación y a la exploración, y dedicar tiempo al trabajo de asimilación. Estas actividades proporcionan una mayor autonomía: cada niño es responsable de su tarea "de principio a fin" y los demás les recuerdan las reglas a quienes no siguen el "juego". Hemos podido ver que se ayudan más en clase. Las actividades permiten a los niños observar o no hacer nada, sin participar. Del material se deduce la regla y esto puede generar frustración (porque el lugar ya está ocupado, por ejemplo). Es el niño quien gestiona estos aprendizajes y no el adulto. Por último, se aprecia un progreso claro en la motricidad fina».

Sophie, madre de día y mamá de dos niños, hizo un curso de iniciación a la pedagogía Montessori y lo aplica en casa: «Profundicé en una reflexión sobre el acompañamiento a los niños en determinadas escenas de frustración en casa o durante algunas actividades, y ahora comprendo mejor y puedo anticiparme a su momento de atención y a su *cansancio,* tanto en los periodos dedicados a actividades libres como en las que les propongo yo. Esto también lo aplico a mis hijos, de más edad (ocho y once años), en nuestra vida diaria. Tengo la sensación de estar menos a la espera de un resultado "para mí" y más en observación. Lucie, que me acompañaba durante las sesiones, suele referirse a la *reparación* de los pequeños percances cotidianos: un libro que se rompe, un vaso de agua que se derrama... Ahora, también guarda sistemáticamente los juguetes, los libros y los demás objetos que manipula. Muchas veces me ayuda a poner la mesa y a preparar la comida, las actividades... Por cierto, que esto planteó un *problema* con sus padres, ya que para ellos se había vuelto *hiperactiva* y tenía frecuentes rabietas, aunque, tras hablarlo, comprendieron que solo se trataba de aburrimiento y ganas de hacer cosas con

ellos. Repetimos regularmente actividades como «verter líquidos, trasvasar, clasificar, tocar» y, en general, trato de fomentar la autonomía de mis pequeños, algo que puede resultar chocante, pero es cierto que, si lo analizamos, vemos que a menudo hacemos las cosas por ellos». Algo sobre lo que reflexionar...

Martine es profesora de primero y de segundo de infantil: «Hace años que vengo aplicando algunas prácticas Montessori en mis clases, pero al principio no se trataba de actividades libres. Y luego, un día, tras un coloquio de la AGEEM (asociación general de profesores de educación infantil), en el que otros compañeros presentaban sus trabajos, empecé a sentir deseos de introducir actividades libres y autónomas (sobre todo de habilidad manual, un poco de geometría, numeración...) en determinados momentos del día (al llegar, en el periodo de calma de primera

hora de la tarde, tras finalizar un trabajo, a veces también durante una actividad...). Compré en unos grandes almacenes pequeños muebles de plástico con cajones y asigné una actividad a cada cajón. Les presento las nuevas actividades a mis alumnos, explicándoles, al tiempo que voy ejecutando las acciones delante de ellos, el objetivo del ejercicio y cómo lograrlo con éxito, hasta guardarlo al final. A continuación les toca a ellos. En esos momentos, veo a mis alumnos tranquilos y sobre todo muy concentrados en su tarea. A veces, antes de una sesión colectiva, le pido a un niño que presente una actividad que le guste, empleando el vocabulario adecuado relativo a los materiales, las acciones... Tras algunas sesiones, hago una puesta en común en la que los niños pueden explicar lo que han hecho, lo que les ha gustado más, lo que les ha costado más, etcétera. Esta novedad y esta variedad resultan muy atractivas para mis alumnos. Las actividades de "verter y trasvasar líquidos" suelen ser las más apreciadas y también las que más los calman».

Consejos antes de empezar

Los materiales Montessori que presento en este libro son muy fáciles de elaborar. En la medida de lo posible utilizo suministros reciclados: cartón, papel, descartes de madera, retales... Con el tiempo, se ha convertido incluso en un reto: fabricar comprando lo mínimo. Todos tenemos en casa tesoros sin usar. Por lo demás, no dudes en recurrir al talento de tus allegados y en animar a los niños a participar en la elaboración de los juegos. También puedes darte una vuelta por algún rastrillo: en ellos se encuentran muchos objetos de ocasión.

Aún tengo la costumbre de ir a los hipermercados y, tras explicar mi proyecto de elaboración de juegos para niños, pedir cartones, cajas, bandejas, tubos de rollos de tela para tapizar... La mayor parte de las veces, mis interlocutores son generosos.

Te sentirás muy orgulloso al presentar materiales que has elaborado tú mismo, y los niños los apreciarán y los respetarán más. Doy mucha importancia a que los materiales sean «hermosos» y «cuidados». Si a ti te gustan, a los niños también. ¡Después de leer este libro, no sabrás por dónde empezar! Conque elige un juego que te inspire, uno que te haya hecho tilín. En mi caso, fue la caja de botones, porque me recordaba a mi abuela, que se tomaba la molestia de clasificarlos por colores en sobrecitos...

Una vez que te hayas iniciado y empieces a conocer los materiales y, sobre todo, a empaparte de la filosofía de Maria Montessori, podrás inventar nuevos juegos. Elabora materiales en función de la edad y las necesidades de tus hijos, no tengas en cuenta si se trata de niños o de niñas, ya que no hay materiales específicos por género. Por ejemplo, el tendedero de ropa triunfa entre los varones cuando lo llevo a las clases de infantil.

Algunos consejos más

Resulta preferible motivarse entre varios para elaborar los materiales, para poder intercambiar y compartir. Si deseas fabricar materiales que exijan precisión y cortes, puedes recurrir a un Fab Lab (Fabrication Laboratory).

Se trata de espacios abiertos al público, equipados con máquinas que permiten realizar, cortar y ensamblar todo tipo de objetos. Están abiertos a todo el mundo (tienen tarifas muy bajas o incluso son gratuitos para determinados usuarios), con objeto de ser un punto de encuentro. Puedes buscar en Internet el Fab Lab más cercano a tu casa.

Por otra parte, no dudes en ir a rastrillos o a los Traperos de Emaús: ¡Seguro que encuentras tesoros!

Finalmente, podrás adquirir la mayor parte de los materiales en tiendas de bricolaje. De modo que atrévete a ser creativo y... ¡a disfrutar fabricando!

Advertencia

Al tratarse de materiales caseros, no están sujetos a normas de seguridad. Por tanto, hay que acompañar y vigilar a los niños mientras los manipulan, sobre todo cuando los juegos tengan piezas pequeñas. Si bien en este libro describo cómo se fabrican los materiales, declino toda responsabilidad que pueda derivarse de un mal uso de los mismos. La autora y creadora de los materiales posee la propiedad intelectual de los juegos que se presentan en este libro, por lo que no se pueden fabricar sin autorización con fines industriales.

INTRODUCCIÓN

Maria Montessori, una mujer admirable

Maria Montessori, nacida en 1870 en Chiaravalle (Italia), se educa con unas reglas de disciplina muy estrictas, aunque su madre, a la que está muy unida, respeta su libertad. A los veintiséis años se convierte en una de las primeras mujeres de su país que se diploma en Medicina. En el psiquiátrico de la universidad de Roma se ocupa de niños a los que se considera *retrasados* y descubre que no disponen de ningún juego, a pesar de que para progresar necesitan actividad. Paralelamente, descubre las investigaciones de Jean Itard (1774-1838) y las de Édouard Séguin (1812-1880), pedagogo francés que trabajó con niños *idiotas*. A partir de 1900 decide dedicarse a la pedagogía.

En 1899 Maria participa en el Congreso de Pedagogía de Turín: Guido Bacceli, ministro de Educación, le pide que dé conferencias en Roma poco después. Entonces afirma, hablando de niños a los que se considera *retrasados:* «Intuí que el problema de estos deficientes no era tanto de naturaleza médica como pedagógica... Estaba haciendo un informe de educación moral». Poco tiempo después crea una escuela de ortofrenia en la que forma a educadores. Les hace tomar conciencia de la importancia de la observación: «Observar y no juzgar». Participa en numerosos congresos, primero en Roma y luego en París, y sigue trabajando con niños deficientes a los que enseña a leer y escribir y a los que hace presentarse a exámenes junto con niños *normales* (¡e incluso aprueban!).

El punto de inflexión en su vida se produce en 1906, cuando se ocupa de niños en edad preescolar, para los que crea su método pedagógico. En 1907 se funda la primera *Casa dei bambini* (casa de los niños) en un barrio popular de Roma. Esta casa se convierte en un centro de investigación, en un laboratorio de experimentación en el que Maria Montessori construye y pone a prueba su método.

A partir de 1913 organiza cursos internacionales. Numerosas asociaciones y organizaciones de caridad le piden que cree casas de niños. Viaja constantemente dando conferencias, organizando cursos de formación en pedagogía y creando escuelas. De 1921 a 1931 participa en los debates de la Liga Internacional de Educación Nueva y presenta sus trabajos en congresos en los que conoce a otros grandes pedagogos de este movimiento, como Adolphe Ferrière, John Dewey y Roger Cousinet.

En 1929, funda la Asociación Montessori Internacional, cuyos objetivos son preservar, divulgar y promover los principios pedagógicos y las prácticas que ha formulado para el pleno desarrollo del ser humano.

Tras su muerte en los Países Bajos en 1952, su hijo prosiguió con su labor hasta su fallecimiento, en 1982.

Actualmente, hay más de 22 000 escuelas Montessori en seis continentes.

LOS GRANDES PRINCIPIOS
DE LA PEDAGOGÍA MONTESSORI

Cada niño es único

Maria Montessori observa que el niño desde que nace hasta los seis años está dotado de una «mente absorbente» que le permite captar las impresiones que recibe del entorno, igual que una esponja absorbe el agua. Absorbe sin distinción lo bueno y lo malo.

Según Maria Montessori, cada niño es único. Tiene su personalidad propia, su ritmo de vida, sus cualidades y sus posibles dificultades. Todos los niños pasan por «periodos sensibles». Se trata de sensibilidades especiales en proceso de evolución, momentos de la vida del niño en los que este se encuentra enteramente «absorto» en una sensibilidad particular a un elemento concreto.

Esos periodos pasajeros se limitan a la adquisición de un rasgo determinado: una vez que se ha desarrollado ese rasgo, desaparece esa «sensibilidad». Así pues, resulta primordial que el entorno del niño le ofrezca en el momento justo los medios de desarrollarse utilizando esos periodos sensibles, que son los siguientes:

- El periodo sensible del lenguaje, más o menos entre los dos meses y los seis años: el niño nombra los conceptos.
- El periodo sensible de la coordinación de los movimientos, aproximadamente de los dieciocho meses a los cuatro años: el niño afina el uso de sus manos.
- El periodo sensible del orden, desde el nacimiento hasta en torno a los seis años: el niño clasifica, ordena, selecciona, elabora un razonamiento.
- El periodo sensible del refinamiento de los sentidos, aproximadamente de los dieciocho meses a los cinco años.
- El periodo sensible del comportamiento social, desde alrededor de los dos años y medio hasta los seis.
- El periodo sensible de los objetos pequeños, a lo largo del segundo año y durante un tiempo muy breve.

Si los adultos creemos que esos periodos sensibles son reales, tendremos plena conciencia de que no debemos planificar el desarrollo del niño. La naturaleza ya tiene su propio plan. Basta con garantizar un entorno que respete esos periodos sensibles. Ese entorno debe:

- ser seguro y estar protegido
- ser sereno
- ser rico en posibilidades de exploración
- estar adaptado a las necesidades de cada periodo
- respetar el orden
- garantizar la libertad de acción del niño

La libertad y la disciplina

Muchas veces oigo decir: «La pedagogía Montessori es aquella en la que los niños pueden hacer lo que les dé la gana». Se trata de una afirmación con poco fundamento y falsa. La pedagogía Montessori se basa en principios que se rigen por «normas».

Los conceptos de «disciplina» y de «libertad», según Maria Montessori, son totalmente diferentes pero complementarios. Para ella, son las dos caras de una misma moneda. Si desaparece un lado de la moneda, esta deja de tener valor. Resulta imposible, pues, separar disciplina y libertad. Por ejemplo, en una clase Montessori:

- El niño es libre de ir a buscar un material, de utilizarlo durante todo el tiempo que desee y de volver a cogerlo tantas veces como lo necesite, pero debe colocarlo en su lugar cuando haya terminado de usarlo.
- El niño puede elegir trabajar o no trabajar, con la condición de que respete el trabajo de los demás.

> El ser humano se pertenece a sí mismo, debe encarnarse en su propia voluntad.
> Maria Montessori

- El niño puede comer y beber a su antojo, pero solo la parte que le corresponde.
- El niño puede hablar, pero respetando y escuchando a los demás.

El niño precisa de ciertas libertades adaptadas a su edad y a sus capacidades, pero también necesita un marco que le permita sentirse seguro.

La importancia del orden

El orden forma parte de los periodos sensibles del niño entre los dos y los cuatro años. Es esencial ofrecerle un lugar ordenado para que pueda encontrar cada objeto y cada juego en un lugar concreto. Eso favorece su autonomía. Te aconsejo que no utilices grandes baúles para juguetes, que hacen que todo parezca ordenado, pero cuyo interior es un caos. Si encontramos el puzle mezclado con los bloques, las muñecas, la vajilla de juguete... ¡eso no invita al juego!

Los adultos constituyen un ejemplo para los niños: debemos mostrarles que nosotros también colocamos la compra, colgamos las chaquetas en el perchero, ordenamos en el armario de la cocina los platos, los vasos, los cubiertos... Los niños no nacen con un gen del desorden, sino que podemos poco a poco iniciarlos en el amor por el orden. Si le enseñas cómo y dónde colocar las cosas, se acostumbrará a hacerlo solo, aunque al principio haya que pedírselo y acompañarlo en la tarea. Explícale que puede elegir un juguete y manipularlo todo el tiempo que necesite, pero que luego tiene que colocarlo y ponerlo en su sitio. Los juegos Montessori se suelen presentar en cestitas o en bandejas. Yo también suelo utilizar cajas con una foto del juguete pegada en la parte frontal.

> *El miedo es otra desviación que solemos considerar un rasgo natural del niño.*
> Maria Montessori

«Enséñame a hacerlo solo»

Esta frase define a la perfección la pedagogía de Maria Montessori. Se trata, en efecto, de una filosofía cotidiana, de una forma de percibir al niño y de acompañarlo con amabilidad, en cada momento de su desarrollo. Dale la posibilidad de aprender a hacer las cosas solo, en función de su edad y de sus competencias. Todos los niños, aunque tengan la misma edad, son diferentes. Siempre es bueno evitar hacer comparaciones entre ellos, tanto si se trata de compañeros de clase como de hermanos. Para ello, hay que permitir al niño que realice tareas solo, sin vigilancia, tras haberle enseñado cómo hacerlo y haber adaptado el entorno y la actividad para que sean seguros. Favorecer y desarrollar la autonomía pasa por:

- Aprender a lavarse las manos solo, con un escalón.
- Saber transportar una bandeja, ya que la mayoría de los materiales se presentan así.

> *¡De Montessori me gusta todo porque elijo yo!*
> Angèle, 4 años

- Servirse agua para beber. Para ello, es preciso dejar a su alcance una bandeja con una jarrita de agua y un vaso *de verdad,* de cristal.

- Cortar y servirse una porción de tarta o preparar una macedonia (con supervisión de un adulto).
- Seguir una receta.
- Aprender a remediar sus *desaguisados*.
- Vestirse y desvestirse solo: puedes dejar a su alcance los zapatos, la ropa y una cesta con calcetines, y colocar un perchero a su altura para que cuelgue los abrigos él solito.
- Preparar un ramo de flores para embellecer una estancia.
- Poner la mesa con elegancia, dándole la posibilidad de colocar flores, velas, un mantel...

Lo más difícil es «aprender a confiar en los niños».

El papel del adulto durante la actividad

El adulto solo interviene si es necesario, tras observar con atención al niño y el ambiente. En la medida de lo posible, los materiales se presentan de forma individual.

El adulto acompaña al niño con amabilidad y discreción en sus necesidades de desarrollo. Debe adoptar siempre que pueda una actitud de observación y evitar dar órdenes o consejos. El adulto ayuda al niño de la mejor forma posible a desarrollar su atención y su concentración y a hacerse autónomo.

El adulto constituye un modelo para el niño, aunque tiene derecho a no ser «perfecto» y a reconocer sus errores o sus flaquezas. El adulto no es un ser superior: le debe respeto al niño, que a su vez le debe respeto al adulto.

El adulto desarrolla una acción discreta, comedida y respetuosa. Guía al niño en su aprendizaje en función de sus capacidades, de su edad, de su madurez y de su evolución. Cuando el niño está realizando una actividad, el adulto no interviene para dar su opinión, felicitarlo o corregirlo. El niño juega y aprende por sí mismo, y lo hace tan bien como le permiten sus posibilidades.

¿Cómo presentar una actividad?

Presentar una actividad consiste en desglosar cada acción para permitir al niño que la conozca y la ejecute con confianza y total seguridad. Acostúmbrate a presentarlo todo: lavarse las manos, servirse agua, vestirse, colocar, transportar una bandeja... Gestos cotidianos que no son innatos.

Para presentar una actividad:

- Elige un lugar y un momento en que tanto tú como el niño podáis estar tranquilos y serenos.
- Propón instalaros en una alfombra o en una mesa baja, adaptada a su altura.

- Presenta la actividad con muy pocas palabras y emplea gestos lentos. Tómate el tiempo necesario, sin olvidar las medidas de seguridad.
- Una vez que el niño conoce el material, puede utilizarlo tanto tiempo como desee o necesite.
- No intervengas a no ser que él lo solicite. Párate a observarlo, ¡es apasionante! Suceden cosas hermosas constantemente.
- Si derrama agua o semillas, pon a su disposición una esponja pequeña, una escoba, servilletas, etcétera, para que pueda ponerle remedio solo o con tu ayuda.
- Finalmente, cuando haya terminado, el niño debe colocar el material, que por lo general se presenta en una bandeja. Podrá retomar la actividad siempre que lo desee.

Es muy importante que conozcas bien el uso de los materiales para evitar titubeos, palabras o gestos superfluos que podrían alterar la correcta aplicación de la actividad. Para ello, antes debes practicar solo o, preferentemente, con otro adulto.

CÓMO CREAR UN ESPACIO MONTESSORI
EN CASA O EN EL AULA

Estas son las primeras preguntas que hay que plantearse:

- ¿A quién se destinan los materiales? ¿A niños diferentes, de distintas edades?
- ¿Dónde se pueden guardar los materiales para que los niños los encuentren y los utilicen con facilidad?
- ¿Qué materiales, en función de las necesidades de los niños, vas a fabricar e instalar?

Si tienes niños de entre once y dieciocho meses, dale preferencia a materiales de uso libre, pero que no resulten peligrosos, aunque tu presencia es obligada. Tienes la posibilidad de usar como espacio de juegos una alfombra, que podrás desenrollar en el lugar que elijas en el momento del juego y que luego podrás volver a guardar. También puedes usar cestitas para guardar los juegos. No hace falta que

haya muchas actividades. Al principio, dales a elegir entre tres cestas con juegos, como la hucha de tapones (p. 122), la caja de los botones (p. 132) y la caja de las cajas (p. 42), por ejemplo. Cuando los niños tengan alrededor de los dos años, proponles otros juegos, en función de sus intereses, para desarrollar los sentidos, la agilidad y la autonomía, como verter líquidos, los juegos de los sentidos, etcétera.

En el espacio que dediques a las actividades Montessori, necesitas una pequeña estantería, baja y sólida, a la que los niños tengan fácil acceso. El espacio no debe frenar tu deseo de disponer de materiales Montessori, ya sea en casa o en el aula. Puede servir perfectamente un rincón donde guardar las cosas bajo una

escalera, en una habitación o en el vestíbulo.

Si no quieres que los niños siempre tengan acceso a los materiales (como les sucede, por ejemplo, a las madres de día que tienen a su cargo a niños de edades diversas), te aconsejo que coloques una estantería y le pongas en la parte de arriba una barra y una cortina. Cuando la cortina esté abierta, los niños pueden utilizar los materiales; cuando esté corrida, ¡se acabó!

En algunas aulas de infantil he visto que los profesores se habían equipado con muebles de plástico con entre seis y ocho cajones cada uno. Si quieres proponer una actividad diferente por cada niño, necesitarás varios para ponerlos unos encima de otros. En cada cajón se presenta y se prepara una actividad, con todo lo necesario para realizar ese juego. Pega una foto del juego en la parte frontal del cajón, con objeto de ayudar al niño a elegir. Este coge el cajón entero y se lo lleva a su sitio, en un pupitre o en una alfombra pequeña.

Lleva a cabo la actividad y, una vez que ha terminado, coloca el cajón en el mueble.

Tú decides en qué momento los niños usan los cajones: al llegar al aula, cuando han acabado las actividades de la clase, como refuerzo, a la hora de la siesta quienes no la duerman...

Los materiales pueden evolucionar de forma gradual según lo que vayas observando en cada niño. Algunos necesitarán jugar a verter líquidos durante un periodo de tiempo prolongado, otros habrán pasado a experimentos nuevos. El uso de los materiales Montessori no se rige por un programa que haya que respetar. Cada niño es diferente y avanza a su ritmo.

Ante todo, estos materiales son y deben seguir siendo un placer.

CÓMO CONFECCIONAR UN COFRE PEDAGÓGICO MONTESSORI ?

Un cofre resulta práctico para guardar los materiales, ya que puede transportarse de casa en casa o de clase en clase o, sencillamente, ser el lugar donde guardar los juguetes en casa, si no dispones del espacio necesario para colocar los materiales.

Puede ser el punto de partida para un proyecto común que permita el intercambio, la posibilidad de compartir, el enriquecimiento, la construcción, la reflexión... Por haberlo vivido en centros de madres de día y en escuelas, me parece que ese tipo de proyectos genera energía, vínculos y un entusiasmo contagioso.

Para confeccionar un cofre Montessori, hace falta:

• Reunir a personas interesadas en el proyecto, que conozcan los objetivos, los materiales y la filosofía Montessori o que sencillamente sientan deseos de aprender y descubrir.

- Un cofre con tapa. Es preferible que tenga ruedas y que sea fácil de transportar. O, ¿por qué no?, también puedes usar una maleta y decorarla: ¡Invitará a soñar a quienes la abran!
- Decidir juntos qué es lo que cada uno desea encontrar en el cofre: los cinco sentidos, las bandejas para verter líquidos...
- Pedir que todo el mundo consiga el mayor número posible de cajas, pinzas, telas, bandejas, etcétera, todo aquello que pueda servir para elaborar los materiales.
- El cofre también puede contener libros de Maria Montessori y otras obras sobre el tema.

Ha llegado el momento de ponerse manos a la obra. Dedica una mañana o varias noches a confeccionar los juegos. Se necesitará el talento de todo el mundo: del costurero, del manitas, del carpintero... Más adelante, cuando el cofre esté listo, es importante que se haga una reflexión para redactar un documento que permita describir cada juego, acompañado de fotos. Habrá que reparar cualquier desperfecto ocasionado, en la medida de lo posible, para que la siguiente persona que utilice el cofre lo encuentre completo y le resulte agradable de utilizar.

Por último, corresponde al equipo definir el uso de la caja y el tiempo que puede utilizarla cada persona, para que resulte equitativo para todo el mundo. En general, debería permanecer dos o tres semanas en cada sitio, en función de las necesidades.

CÓMO EMPLEAR ESTE LIBRO

Las actividades están divididas en ocho partes, cada una de ellas centrada en un aspecto del desarrollo del niño. Gracias a estas actividades, el niño se familiarizará con gestos de la vida cotidiana y adquirirá autonomía. Propongo juegos para transportar bandejas, aprender a servirse agua, remediar un desaguisado, respetar el orden. El niño también descubrirá sus sentidos y desarrollará a su ritmo sus capacidades motoras. Después podrás inventar juegos para ayudar a los niños a transportar objetos más o menos pesados, como el juego de las mudanzas (que encontrarás en la búsqueda del tesoro, pp. 190-191). Con cada actividad he incluido trucos y testimonios. Estos últimos los he recogido sobre todo entre los niños: en centros de madres de día, en clases de infantil y de primaria, en aulas para niños con necesidades educativas especiales o en mi propio taller. A ello se suman testimonios de docentes, de madres de día, de padres que han hecho algún curso de formación y han elaborado los materiales.

No he indicado la edad que corresponde a cada juego a propósito, pues considero que cada niño es diferente y tiene unos intereses, un desarrollo y unas particularidades diferentes.

EJERCICIOS **PRELIMINARES**

Los ejercicios que se exponen a continuación sirven para *organizar el entorno, en un lugar agradable y ordenado*. Su objetivo consiste en fomentar la coordinación motora, la autonomía y la concentración, y permiten desarrollar la musculatura de los brazos, los dedos y los puños, para, por ejemplo, transportar bandejas.

A los tres años, el niño ya ha sentado las bases de su personalidad.
Maria Montessori

« MI CASITA »

Estas alfombras permiten delimitar la zona de juego y no dispersarse por toda el aula o toda la casa. A los niños les gusta tener su espacio.

Preparar el material

Necesitarás

- Un trozo de moqueta de 1 × 4 m
- Una pinza de tender la ropa
- Tijeras
- Un cubo

- Para encontrar alfombras baratas, te aconsejo que vayas a una tienda de bricolaje y pidas un metro de moqueta lisa, que se suele vender en piezas de 4 m. Corta el trozo en cuatro y por un módico precio tendrás cuatro alfombras de 1 m².

- Enrolla cada una de las alfombras y sujétalas con una pinza de tender la ropa.

- Colócalas en un cubo. Así estarán a disposición de los niños.

<< Las mesas no me gustan, prefiero las alfombras y ponerme solo en un rincón, tranquilo. A veces le pido a alguien que venga, pero no así sin más. >>

Corentin, 7 años

Las alfombras en la pedagogía Montessori

En las aulas Montessori la alfombra sirve únicamente para colocar el material que ha elegido el niño, ya que este debe ponerse no encima, sino en torno a la alfombra. Los niños aprenden a enrollarlas y desenrollarlas de una forma muy particular y a guardarlas.

Para usarlas en casa, basta con simples mantas o con alfombras pequeñas. Las madres de día que han usado las alfombras aprecian mucho su uso, ya que cada niño tiene su espacio y no invade el de su vecino. Esto permite desarrollar el respeto a los demás y favorece la atención que se dedica a cada niño.

Personalmente, tras trabajar en escuelas en las que los niños suelen estar sentados frente a un pupitre, suelo proponerles trabajar en alfombras, que representan su espacio, «su casita». Pueden optar por divertirse solos o por invitar a otros niños que así lo deseen a unirse a ellos.

APRENDER A TRANSPORTAR BANDEJAS

El objetivo de este ejercicio es desarrollar el equilibrio, la fuerza de brazos y manos, la confianza en uno mismo, la facultad de coger sin ayuda un material que se presenta en una bandeja y colocarlo...

¿En qué consiste esta actividad?

Necesitarás

- Una bandeja
- Vasos de plástico y de cristal o macetas de barro
- Un cordel
- Cinta adhesiva

- Enseña al niño a transportar una bandeja vacía colocando las manos a cada lado de la misma, bien centradas. Déjalo que practique en la habitación o incluso al aire libre.
- Una vez que se sienta cómodo, coloca un objeto en la bandeja (un cuenco, un vaso...), que debe transportar de un lugar a otro. Un poco como en el juego de las mudanzas.
- A continuación, coloca en el suelo un cordel y fíjalo con la cinta adhesiva. Va a simbolizar el recorrido que debe seguir con la bandeja.
- Más adelante, si el niño se siente más seguro, proponle que haga el recorrido con los ojos vendados.

Puedes variar hasta el infinito los juegos con uno o varios recipientes, vacíos o llenos. Se trata de actividades que se pueden presentar o efectuar en el aula de motricidad de un colegio o sencillamente en un pasillo largo...

¿Cómo conseguir bandejas?

Para equiparte con las bandejas que se necesitan para varias actividades, no precisas usar bandejas de madera, que suelen ser bastante caras.

Yo las suelo encontrar muy baratas en rastrillos o en bazares. Procura que sean bandejas neutras.

Si eres un poco manitas, puedes fabricarlas tú mismo con un rectángulo de contrachapado muy fino y unos listones para los bordes, que puedes pegar con una pistola de pegamento.

Si lo que vas a colocar encima no pesa mucho, puedes usar simplemente la tapa de una caja de zapatos.

« La actividad que más me gusta es caminar sobre un cordel con una bandeja en las manos. Al final lo hacemos con los ojos cerrados y sentimos el cordel bajo los pies. »

Alexandre, 6 años, 3º de infantil

LA BANDEJA PARA SERVIRSE AGUA LIBREMENTE

Es la primera bandeja que utilicé después de formarme. Permite que los niños se sirvan agua cuando lo desean y no cuando se lo proponemos. Me he dado cuenta de que así los niños beben agua más a menudo.

Preparar el material

Necesitarás

- Una bandeja
- Una vaso para cada niño
- Una jarra de cristal

- Para esta bandeja es necesario hacer una demostración para evitar que el vaso se desborde. Puedes usar el juego para enseñar a verter agua hasta un nivel marcado (véase p. 66).

- La bandeja debe estar colocada en un lugar accesible y visible para el niño y, sobre todo, siempre en el mismo sitio, para que pueda encontrarla con facilidad cuando necesite beber.

- **Para los más pequeños,** antes de que sepan verter agua de una jarra, puedes colocar en la bandeja una taza infantil con pitorro.

APRENDER A REMEDIAR
UN DESAGUISADO

Un desaguisado en realidad no lo es tanto, ya que los adultos, cuando rompemos un vaso, lo arreglamos sin necesidad de alzar la voz ni castigarnos...

¿Cómo guiar a los niños?

Necesitarás

- Una escoba pequeña
- Un recogedor
- Un cepillo
- Un trapo
- Una esponja
- Una fregona pequeña
- Un cubo

Demos a los niños la oportunidad de remediar *sus desaguisados* poniendo a su disposición los medios para hacerlo. Así tendrán más confianza en sí mismos y esto les permitirá aprender que en la vida se pueden cometer errores (¡hasta los adultos los cometen!), pero que existe la posibilidad de encontrar una solución para remediarlos.

- Los materiales deben estar siempre en el mismo sitio, al alcance del niño.

- Si un niño derrama un cuenco de leche cuando acabas de pasar la fregona, ¡nada de enfadarse! Respira hondo y proponle al niño que te ayude a ponerle remedio valiéndose de una esponja. La próxima vez, podrá intentar hacerlo solo.

«Mamá, he tirado el cuenco de agua del gato, pero he cogido papel de cocina y lo he secado. No te lo he dicho porque he podido arreglarlo solo. »
Antonin, 6 años

LA LÍNEA BLANCA

La línea blanca es un círculo blanco que ayuda al niño a desarrollar la atención, la concentración, el dominio de su cuerpo, el sentido del equilibrio y la confianza en sí mismo. Para Maria Montessori, supone el vínculo entre cuerpo y mente.

Preparar el material

Necesitarás

- Cinta adhesiva
- Una colcha, una sábana o una mantita

- En la colcha, traza una elipse del tamaño que desees con la cinta adhesiva.

- Para que el niño tenga espacio suficiente, te aconsejo que traces una elipse de tres metros de largo por dos metros de ancho.

¿Para qué sirve la línea blanca?

Proponle al niño que te mire o te acompañe caminando por la línea blanca con pasitos sencillos, despacio. Varía con otros ejercicios: pasos de hormiga, de elefante, de tortuga, de conejo, de rana...

Proponle que sujete una bandeja con las dos manos, con una mano, con dos vasos encima, primero de plástico y luego de cristal, primero vacíos y luego llenos de agua...

Podéis jugar a nombrar las diferentes partes del cuerpo: «¿Dónde están: mi nariz, mi espalda, mi cara, mis rodillas...?».

También es posible reunirse alrededor de la línea blanca para contar historias o narrar un acontecimiento.

Los niños pueden colocarse dentro o fuera de la línea blanca para compartir e intercambiar.

Línea de cinta adhesiva en la alfombra

LOS «BUENOS MODALES»

El grupo es una sociedad en miniatura. El respeto mutuo de todos los individuos es la condición para una vida de grupo armoniosa.

Aprender a respetar a los demás

El respeto hacia los demás es un estado mental al que podemos llevar a los niños:

- Respetándolo a él en todas sus necesidades reales.
- Haciéndole tomar conciencia de su propia existencia.
- Enseñándole a respetar a los demás y a respetar su espacio.
- Dándole los medios para sentirse seguro, independiente y autónomo.

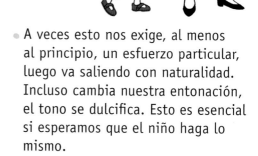

Nuestra actitud natural y cotidiana es lo que puede llevar al niño a esta comprensión de las relaciones humanas. **El adulto es el modelo del niño.**

- Esas palabras de cortesía: buenos días, gracias, adiós, por favor...
- Un poco de amabilidad: una sonrisa, compartir, ayudarse...
- Todas esas palabras y atenciones las debe usar en primer lugar el adulto con otros adultos, pero también con los niños, antes de poder aspirar a oírselas decir habitualmente. En efecto, muchas veces se nos olvida darles las gracias a los niños por sus acciones. Nos parecen naturales.

- A veces esto nos exige, al menos al principio, un esfuerzo particular, luego va saliendo con naturalidad. Incluso cambia nuestra entonación, el tono se dulcifica. Esto es esencial si esperamos que el niño haga lo mismo.

Ejemplos: En vez de decir «¡Vete a buscar la botella de agua!» o «¡Cógeme el boli!», podemos decir «¿Podrías ir a buscar la botella de agua? ¡Gracias!» o «¿Puedes ayudarme a coger el boli, por favor?». Y, una vez que lo haya hecho: «Gracias por tu ayuda».

El ejemplo de la merienda

Me gusta organizar con los niños pequeños almuerzos por la mañana o meriendas por la tarde. **Cada uno tiene su papel, que puede cambiar o evolucionar** en función de sus capacidades y de sus preferencias.

Un niño se ocupará de preparar la merienda: pelar, cortar la fruta, contar las porciones de tarta según el número de niños. Después, todos se reúnen en torno a la mesa. Uno de ellos se encarga de servir y pasa con un plato junto a cada niño. Cada uno se sirve y le da las gracias. Otro niño u otros dos se encargan de recoger y limpiar. **Todos se toman muy en serio su papel.** Al darles las gracias, reconocemos y apreciamos su trabajo.

PINTURA LIBRE Y EXPOSICIÓN DE LAS OBRAS

A los niños les encanta pintar, tanto con pincel como con los dedos. Darles libertad para hacerlo permite desarrollar su imaginación y su creatividad.

Preparar el material

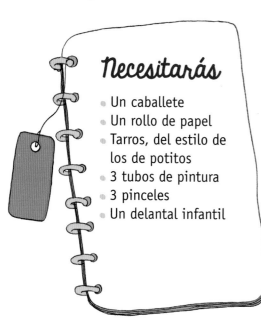

Necesitarás

- Un caballete
- Un rollo de papel
- Tarros, del estilo de los de potitos
- 3 tubos de pintura
- 3 pinceles
- Un delantal infantil

- Muestra al niño cómo usar los materiales para pintar. Al principio, puedes usar tres colores para enseñar al niño a volver a poner el pincel en el color adecuado.

- Más adelante podrás aumentar el número de colores.

<< Vi muchos cuadros llenos de puntitos. >>
Louise, 4 años, tras una visita al Musée d'Orsay

¿Cómo organizar la actividad?

Puedes colocar en una mesa pósters, postales o libros con reproducciones de obras pictóricas para permitir que el niño se inspire y que mejore su cultura. A mí me gusta enseñarles a Kandinsky, Delaunay...

Después, expón las obras en un tendedero, como si de un museo se tratase.

Puedes fabricarlo con dos alcayatas, un cordel y pinzas de tender la ropa. A los niños les gusta exponer y mostrar sus dibujos.

Aunque tus hijos sean muy pequeños, no dudes en llevarlos a un museo a ver cuadros.

No percibirán las «cosas» como tú, pero verán otros detalles y poco a poco irán apreciándolo y despertando su mente y su creatividad. Puedes informarte antes de la visita: algunos museos ofrecen actividades especiales para niños e incluso la posibilidad de entrar de forma gratuita en determinados días o franjas horarias.

VIDA **PRÁCTICA**

La «vida práctica» es un conjunto de actividades que permiten realizar acciones de la vida cotidiana, lo que le da al niño la posibilidad de *desarrollar su autonomía*. Estas son algunas que puedes poner en práctica en casa con facilidad.

El niño es el constructor del hombre y no existe hombre alguno que no haya sido formado por el niño que fue.

Maria Montessori

LOS MARCOS DE ROPA

El material de los marcos aísla una dificultad con la que el niño se encuentra en sus actos cotidianos. Alterna los gestos y los mecanismos de apertura y de cierre, en particular los botones.

Fabricar el marco

Necesitarás

- 4 marcos de madera de 30 × 40 cm
- Una camisa de niño
- Prendas usadas con cremalleras, velcros...
- Cordones o lazos de distintos colores
- 16 clavos tapiceros

- Hay que elaborar un marco para cada tipo de cierre: uno con botones, otro con una cremallera, otro con velcros y otro con dos trozos de tela.

- Echa las mangas de la camisa hacia atrás o córtalas. Fíjala en el marco con los clavos tapiceros.

- Haz lo mismo con el resto de las prendas. Corta las telas al tamaño de los marcos y fíjalas en las cuatro esquinas con los clavos tapiceros.

- En el cuarto marco, cose los cordones o los lazos a cada lado de un mismo trozo de tela.

Variación: Puedes pegar un par de zapatos en una tabla de contrachapado. Necesitarás dos tablas: una para los zapatos de cordones y otra para los de velcro.

Presentarle la actividad al niño

Es indispensable dedicar un tiempo a hacer una presentación completa del material para que el niño, al principio, gracias a la observación, aprenda los gestos «correctos», especialmente para el marco de cordones. Gestos lentos, precisos, articulados, indicando los cambios de dirección. En un segundo tiempo, deja que el niño escoja el marco. Puede que tengas que mostrárselo varias veces.

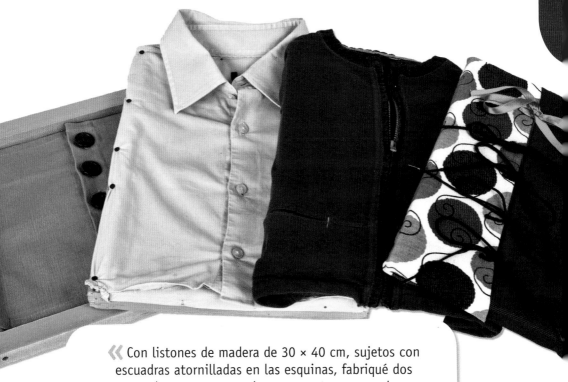

«« Con listones de madera de 30 × 40 cm, sujetos con escuadras atornilladas en las esquinas, fabriqué dos marcos de ropa: uno con botones y otro con cordones. Estoy haciendo otro con una cremallera. Lo bueno de usar escuadras es que se puede desmontar para lavar las telas. En cambio, con los marcos para cuadros no se puede. »»

Corine, madre de día

PONER LA MESA

Desde muy pronto, al niño le gusta imitar al adulto. Además de ayudarlo a acostumbrarse a usar los cubiertos que empleará a diario, esta bandeja de entrenamiento le permitirá desarrollar su habilidad.

Preparar el material

Necesitarás

- Una bandeja
- Un mantel individual blanco o colocado del revés
- Un rotulador permanente
- Un tenedor y un cuchillo para niños, de metal o de plástico, y varias cucharas: de postre, de café y sopera
- Un plato para niño
- Un vaso

- Intenta no utilizar plástico, pues falsea el peso de los objetos.

- Con el rotulador permanente, traza el contorno de los cubiertos y de la vajilla en la bandeja. Así el niño sabrá dónde colocarlos.

<< Es para hacer como en casa, ¡pero en casa es mamá quien lo hace! >>
Rose, 3 años

Presentarle la actividad al niño

- Indícale al niño el nombre de cada objeto: «Esto es un tenedor».
- Enséñale dónde debe colocar cada objeto en la bandeja y luego anímalo a que lo haga solo. Como en todas las actividades, el niño lo hará con tu supervisión.
- Cuando termine, puede ir a guardar en su sitio la bandeja.
- Para los más pequeños, puedes tener varios manteles adaptados a la edad de los niños, y colocar más o menos objetos (una taza más, una cucharilla de café, un cuenco para la sopa...).

DOBLAR SERVILLETAS

Aprender a plegar una servilleta para doblarla por la mitad.

Consejos prácticos

Necesitarás

- Servilletas de tela cuadradas
- Una bandeja o una cesta

Enseña al niño a plegar con delicadeza la servilleta uniendo los bordes, primero una vez y luego otra.

A continuación, proponle que doble el resto de las servilletas.

Cuando haya terminado, el niño colocará las servilletas en la bandeja y la volverá a guardar en su sitio.

Truco: Puedes trazar líneas con un rotulador o hacer una costura para que el niño sepa por dónde doblar.

LA CAJA DE LAS BOTELLAS

Un material sencillo y fácil de elaborar, que permite abordar de forma divertida el concepto de diámetro, gracias a las diferencias en el tamaño de los cuellos y los tapones de las botellas.

Explicarle la actividad al niño

Necesitarás

- Una caja
- Un cuenco
- Un buen surtido de botellas de plástico o cristal con su tapa, de formas diferentes, de todos los colores y de distintos diámetros

- Pon los tapones en el cuenco y las botellas en la caja.

- Explícale a los niños que el objetivo de la actividad es encontrar la botella que corresponde a cada tapón.

Deja que los niños se organicen como mejor les parezca. Es apasionante observarlos, ya que cada uno tiene una forma distinta de actuar.

Divertirse probando el agua

Si compras varias botellitas de agua diferentes (que puedes adquirir por unidades), no tengas miedo de proponer a los niños una «degustación de agua», mineral o con gas, para que se den cuenta de que el agua puede tener sabores diferentes.

❝ Me gusta el juego de las botellas, busco los tapones y luego coloco en fila las botellas. ¡Es bonito! ❞

Oscar, 7 años

LA CAJA DE LAS CAJAS

Este juego sirve para desarrollar la habilidad mediante la apertura y el cierre de diferentes cajas.

Explicarle la actividad al niño

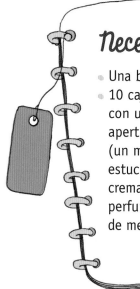

Necesitarás

- Una bandeja
- 10 cajas, cada con un sistema de apertura distinto (un monedero, estuches con cremallera, botes de perfume, un tarro de mermelada...)

- Coloca las distintas cajas en la bandeja.

- Sujeta la caja con una mano y la tapa con la otra. A continuación, ejerce un movimiento de rotación, de presión, de apoyo, para abrirla. Luego ciérrala y enseña al niño cómo abrir otra caja.

- También puedes dejar que el niño explore y encuentre por sí mismo la solución para abrir y cerrar las cajas. Cuando domine bien la actividad, puedes aumentar el número de botellas.

- Aprovecha la ocasión para enseñarle al niño a abrir y cerrar de forma segura una puerta, un cajón o un armario.

Conseguir cajas a buen precio

Por muy poco dinero podrás conseguir todo tipo de cajas, a veces incluso **con cierres que** **resultan misteriosos,** en tiendas de segunda mano y rastrillos o en los Traperos de Emaús... Esta bandeja puede ir creciendo con lo que vayas encontrando.

LA BOTELLA CON GOMAS

Permite desarrollar la agilidad y la musculatura de los dedos.

Explicarle la actividad al niño

Necesitarás

- Una botella de cristal
- Gomas para el pelo
- Una cajita

- Pasa las gomas por el cuello de la botella. ¡Ojo con no soltar la goma, que si no salta!

- A continuación, saca las gomas de la botella. Proponle al niño que haga lo mismo.

- Cuando haya terminado, enséñale a guardar las gomas en la cajita.

« Me gusta poner gomas en botellas porque es como vestir la botella con colorines. »

Leo, 4 años

EL CUADRO DE RULOS

Muchas veces me preguntan cuál es el objetivo de este material. Siempre contesto: El placer, ¡tanto para los niños que lo manipulan como para los mayores! Es mi favorito.

Preparar el material

Necesitarás

- Un tablero de contrachapado de 60 × 90 cm
- Un trozo de moqueta lisa de 60 × 90 cm
- 6 clavos
- Rulos de colores y tamaños distintos
- Una caja

- Fija la moqueta en el tablero con los clavos.

- Si lo deseas, puedes colgar el tablero en la pared. Si prefieres tener la posibilidad de transportarlo, puedes usar un tablón de corcho en vez de contrachapado, ya que es más ligero.

- **Este material suelen utilizarlo niños ciegos,** por ejemplo en la asociación «Les doigts qui rêvent» [Dedos que sueñan].

- El niño pega los rulos en el tablero. Puede hacer dibujos o escribir su nombre.

- Al finalizar el juego, el niño debe guardar los rulos en la caja.

LOS CANDADOS

Esta actividad contribuye al desarrollo de la musculatura de los dedos y a la habilidad, en particular mediante la acción de meter y girar la llave en el candado para poder abrirlo.

Explicarle la actividad al niño

Necesitarás

- Una caja
- 3 candados (o más) de diferentes formas y tamaños, junto con sus llaves

- Explícale al niño que su objetivo es encontrar la llave que corresponde a cada candado, para abrirlo.

- Una vez que todos los candados estén abiertos, hay que cerrarlos todos y volver a colocarlos en la caja, junto con las llaves, para que queden listos para el siguiente uso.

- Puedes ir aumentando el surtido de candados con los que vayas encontrando.

- Puedes completar esta caja añadiéndole tuercas y pernos de diferentes tamaños, para que el niño encuentre las parejas.

>> Me gustan los candados, es un poco difícil, pero me gusta cuando acierto con la llave. >>
Latifa, 4 años

ABRE Y CIERRA

Este juego permite aprender a abrir y cerrar diferentes ganchos, que el niño no acostumbrado a usar en diaria.

Preparar la actividad

- Fija las alcayatas en un listón de contrachapado.
- Engancha los mosquetones en las alcayatas.
- Enséñale al niño a abrir cada mosquetón o grillete.
- Una vez que estén abiertos los cuatro, enséñale a volver a colocarlos en las alcayatas.

Necesitarás

- Un listón de contrachapado grueso
- 4 alcayatas redondas grandes
- 4 mosquetones diferentes: un mosquetón de bombero, un eslabón rápido, un grillete recto y un mosquetón Zamak

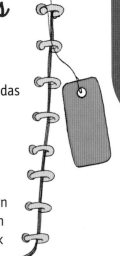

《 Es un poco difícil, hay que aprender a abrirlos. Hay que girar, desatornillar, hacer pinza, tirar, hacer fuerza... ¡y también pensar! 》
Maxence, 5 años

49

EL MOLINILLO DE CAFÉ

Esta actividad permite aprender a usar un molinillo de café, a girar la manivela y así observar los granos de café transformándose en polvo.

Explicarle la actividad al niño

Necesitarás

- Un molinillo de café
- Granos de café
- Un tarro

- Enséñale al niño cómo funciona el molinillo: mete granos de café y a continuación gira la manivela varias veces. Luego, abre el cajón y echa el café molido en un tarrito.

- Puedes hacer que huela y toque el café en grano y molido.

- Adviértele que dentro hay una cuchilla que sirve para moler los granos de café y que es peligrosa.

Los tarritos

Después de usar el molinillo, cada niño puede llevarse a casa un tarrito lleno de café molido para usarlo con sus padres.

EL CORAZÓN DE AMOR

*Un juego de costura que permite aprender
a pasar un cordón por un ojal.*

Preparar la actividad

Necesitarás

- Un trozo de fieltro grueso o de cartón, de color rojo
- Un cordón de zapato
- Una cuenta
- Tijeras
- Una barrena

- Dibuja un corazón en el fieltro y recorta la forma con ayuda de las tijeras.
- Con la barrena, haz agujeros a lo largo del contorno del corazón.
- Ata la cuenta en un extremo del cordón.
- Enséñale al niño a pasar el cordón por los agujeros: una vez de arriba abajo, otra vez de abajo arriba, y sigue hasta completar el contorno del corazón.
- Proponle al niño que lo haga solo.

Truco de Céline, madre de día

Hago coches, hombrecitos y muchas otras formas con cartón
y uso cordones de diámetros diferentes, más o menos
gruesos.

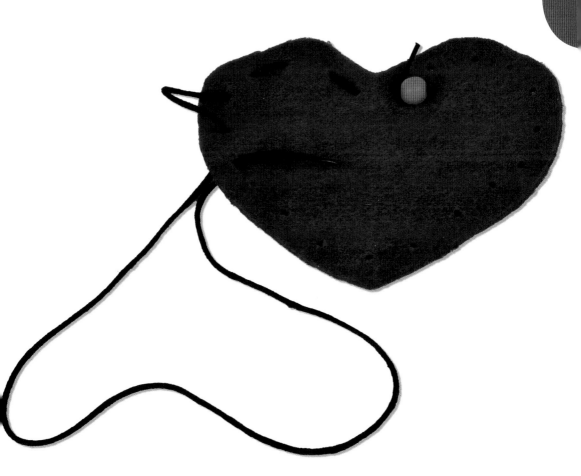

LA COLADA

Esta actividad permite aprender a lavar a mano, enjuagar, frotar, escurrir y tender, imitando a los adultos.

Preparar la actividad

Necesitarás

- 2 palanganas
- Una cesta pequeña para ropa
- Ropa de muñeca
- Un tendedero pequeño (véase cómo fabricarlo en la página 148, «El tendedero»)
- Pinzas de tender
- Un bote de detergente para lavar a mano

- Llena la primera palangana con agua templada y detergente, y la segunda solo con agua templada.

- Coloca el tendedero y reúne el material.

- Ejecuta y ve explicando cada acción delante del niño, despacio: «Cojo una prenda de la cesta, la mojo en la palangana con agua y jabón, froto. La meto en la palangana con agua para aclararla, la escurro. Por último, la coloco en el tendedero con una o varias pinzas».

- Proponle al niño que lo haga solo.

<< Me gusta lavar la ropa de mi bebé: la mojo, sale espuma y la tiendo con una pinza. Y luego vuelvo a empezar... >>
Louise, 4 años

Variación: lavar los platos

Puedes proponer una variación de esta actividad adaptándola al lavado de los platos. Para ello, sustituye el detergente para ropa por un poco de lavavajillas, el tendedero por un escurreplatos pequeño y la ropa de muñeca por una vajilla, y añade un trapo para secar y un estropajo para frotar.

LA BANDEJA DE CORTAR

Esta bandeja permite aprender a cortar con total autonomía.

Necesitarás

- Una bandeja
- Una tijeras adaptadas a la edad del niño y a si es zurdo o diestro
- Hojas de papel
- Una bandejita vacía para ir echando los trozos de papel
- Un tubo de pegamento

Preparar el material

- Prepara una hoja con líneas horizontales y verticales a unos 1,5 cm unas de otras.

- Fotocopia la hoja para tener una reserva, ya que cuando los niños aprenden a cortar, ¡no pueden parar! Te aconsejo que hagas acopio de papel usado en empresas, oficinas, comercios...

- Prepara la bandeja colocando en ella todo el material.

Explicarle la actividad al niño

Ayuda al niño a colocar los dedos en los huecos de las tijeras de forma correcta, con el pulgar arriba («El pulgar siempre mira hacia la barbilla») y el índice y el corazón en el hueco inferior, mirando hacia abajo.

Enséñale que hay que abrir y cerrar las tijeras para cortar.

Poco a poco, aprenderá a cortar primero trocitos de papel y luego tiras más grandes dibujadas en una hoja.

Cuando termine de cortar, puedes proponerle que pegue los papelitos en una hoja del color que prefiera.

Variación

Puedes ir guardando publicidad en la que aparezcan verduras, fruta, objetos domésticos... Déjala al alcance del niño en un cajón. Una vez que se sienta cómodo cortando, podrá cortar y pegar las imágenes.

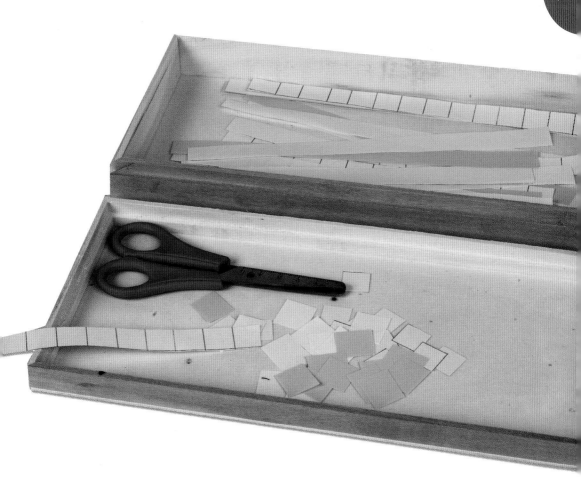

PELAR, CORTAR, PARTIR O EXPRIMIR

Este taller permite desarrollar la habilidad de los dedos y utilizar diferentes utensilios de cocina.

Explicarle la actividad al niño

Necesitarás

- Un cuchillo que no tenga punta
- Un pelador
- Un cascanueces
- Un exprimidor
- Nueces
- Un plátano
- Un plato
- Papel de periódico
- Un delantal

- Pídele al niño que se ponga un delantal de tela para no mancharse.

- Enséñale a cortar un plátano en rodajas sobre un plato y a colocar las mondas sobre una hoja de periódico. Repite la operación enseñándole a cascar una nuez, a pelar una zanahoria y a exprimir una naranja.

- Según la edad que tenga, deja que el niño corte, parta y ralle otras frutas y verduras para preparar su merienda o elaborar una receta.

- Una vez que haya terminado, el niño limpiará y colocará los utensilios que haya usado. Luego, puede clasificar y separar las mondas con objeto de hacer compost para el huerto o el jardín.

La manzana mágica

Para las manzanas, empleo un pelador específico. Es una «máquina» que a los niños les encanta utilizar. Es un poco mágica, la uso mucho cuando hago animaciones.

«¡Abracadabra, y da vueltas!». ¡Al darle a la manivela, pela la manzana, le quita el corazón y la corta en rodajas finas! ¡Comerse una manzana mágica es aún mejor!

SACAR PUNTA A LOS LÁPICES

Esta actividad permite practicar afilando lápices siempre con el objetivo de alcanzar una mayor autonomía y de desarrollar la agilidad de los dedos.

Explicarle la actividad al niño

Necesitarás

- Lápices de colores
- Un sacapuntas de aluminio
- Una bandejita para las virutas

- Con una demostración, enséñale a sujetar el sacapuntas y el lápiz, y luego gira el lápiz para sacarle punta.

- Proponle al niño que lo haga solo.

Truco: Los niños pueden usar las virutas para elaborar una manualidad original y colorida.

MADE IN GERMANY

STAEDTL

Evolution

BiC

61

MiColors

LA PERFORACIÓN

Este material, que gusta mucho a los niños, sirve para prepararlos para más adelante sujetar un lápiz. No es peligroso si se hace con calma y con la supervisión de un adulto.

Preparar el material

Necesitarás

- Una bandeja
- Un punzón
- Fichas con dibujos para perforar
- Un trozo de corcho o, como en la imagen, un retal de suelo de vinilo

- Para fabricar un punzón, pega un clavo de cabeza plana entre las dos partes de una pinza para ropa con una pistola de pegamento.

- Puedes adquirir un libro fotocopiable en OPPA (Outils pour une Pédagogie Personnalisée et Active, herramientas para una pedagogía personalizada y activa), que vende todos los materiales Montessori.

- **¿Por qué no crear también tus propios dibujos?** Así podrás adaptarlos en función de la estación del año. Por ejemplo: un abeto, una hoja...

Explicarle la actividad al niño

- El niño va perforando los puntos que forman el dibujo. Cuando termina, la silueta se desprende. Entonces puede decorar y pegar las dos partes.

- Cuando haya acabado, el niño colocará el material en la bandeja y lo guardará.

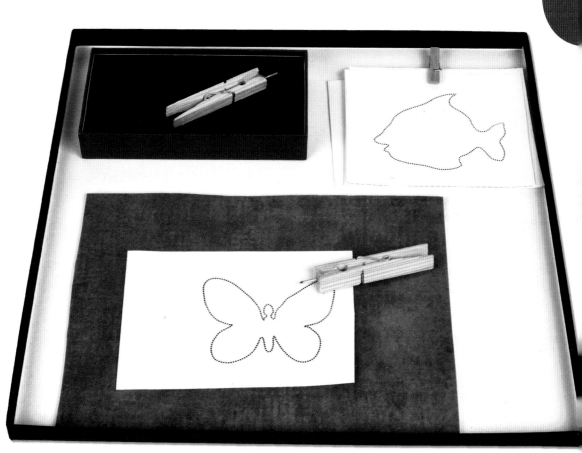

VERTER LÍQUIDOS y
TRASVASAR

¡Puedes empezar por los ejercicios de verter líquidos y trasvasar, porque a los niños les encantan! Además, son *esenciales para su desarrollo*, precisan de pocos materiales y pueden montarse rápidamente. Aquí tienes algunas ideas para empezar, luego podrás inventarte otras actividades...

En la mente del niño
hallaremos la clave
del progreso.
Maria Montessori

VERTER AGUA CON UNA JARRA

Esta actividad permite a los niños entrenarse para servirse agua, sobre todo para que no rebose, como suele ocurrirles.

Preparar el material

Necesitarás

- Una bandeja
- Una jarrita
- 2 vasos
- Cinta adhesiva de algún color
- Una esponja
- Un embudo

- Marca con un trozo de cinta adhesiva de color el nivel hasta el que se pueden llenar de agua la jarra y los vasos.

- Pon en la bandeja: la jarra, los dos vasos, el embudo y la esponja.

- **Con los más pequeños,** puedes usar tarros de yogur en vez de los vasos.

¡Le toca jugar al niño!

El niño puede practicar primero a llenar la jarra con agua del grifo. Luego, puede verterla en los dos vasos tratando de respetar el nivel indicado. Para volver a llenar la jarra de agua, usará el embudo. Una vez que termine la actividad, el niño colocará la bandeja. La esponja sirve para secar la bandeja si se derrama agua en ella.

VERTER AGUA CON DOS JARRAS

Esta actividad permite al niño fortalecer la musculatura de las dos manos y desarrollar su habilidad, así como la coordinación y la precisión de los gestos. También le ayudará a comprender los conceptos de vaciar y llenar.

Preparar el material

Necesitarás

- Una bandejita
- 2 jarras de cristal o cerámica
- Agua

- Coloca la jarra llena a la derecha, sujétala con la mano derecha y empieza vertiendo con delicadeza su contenido en la otra jarra.

- Repite la operación con la mano izquierda.

- Proponle al niño que lo haga a su vez, si lo desea.

- Coloca una esponja en la bandeja, para recoger el agua que pueda derramarse.

- Una vez que termine la actividad, el niño guardará la bandeja.

Truco: Cuando el niño domine esta actividad, puedes sustituir el agua por arena o incluso granos (garbanzos, lentejas, alubias...). En vez de la esponja, necesitarás un cepillo y un recogedor para recoger lo que caiga.

《 Me gusta verter agua, me hace sentir bien, me tranquiliza. Luego lo hago con lentejas. 》

Camille, 7 años

《 Me gustan los granos en jarras porque son divertidos. 》

Jade, 4 años

TRASVASAR DE UN CUENCO A OTRO

Esta actividad permite desarrollar la musculatura de los dedos y los puños, así como practicar trasvasando el contenido de un cuenco a otro.

Presentarle la actividad al niño

Necesitarás

- Una bandeja
- 2 cuencos
- Un poco de arroz o lentejas rojas
- Una cuchara sopera

- Coloca en la bandeja la cuchara y los dos cuencos: uno vacío a la izquierda y el otro lleno de arroz a la derecha.

- Empieza por trasvasar el contenido del cuenco lleno al vacío, valiéndote de una cuchara y describiéndole tus gestos al niño.

- Repite la operación con la mano izquierda.

- Proponle al niño que haga lo mismo.

- Una vez que haya terminado con la actividad, pídele que guarde la bandeja.

Aumentar la dificultad

Cuando hayas usado bastante este material, puedes hacer una variación cambiando el utensilio empleado para trasvasar. Por ejemplo, una cuchara de helado le ofrece al niño la posibilidad de manejar bien el puño. **También puedes cambiar de recipiente** y usar ensaladeras, que son más grandes.

En ese caso el niño trasvasará los granos de una ensaladera a otra juntando las manos o usando un cucharón.

TRASVASAR CON UNA PINZA

Esta actividad permite trasvasar conchas de un cuenco a otro con ayuda de una pinza, para fortalecer la musculatura de los dedos.

Explicarle la actividad al niño

Necesitarás

- Una bandeja
- 2 cuencos iguales
- Conchas, botones, tapones, granos...
- Una pinza desechable de plástico o una de depilar

- Coloca en la bandeja la pinza y los dos cuencos, el vacío a la izquierda y el otro, lleno de conchas, a la derecha.

- Empieza a trasvasar las conchas de un cuenco al otro con ayuda de la pinza, mientras le describes tus acciones al niño.

- Repite la operación con la mano izquierda.

- Proponle al niño que ejecute los gestos que permiten trasvasar las conchas de un cuenco al otro.

- Cuando termine con la actividad, pídele que guarde la bandeja.

Truco: Puedes usar otras pinzas (para azucarillos, para cubitos de hielo, para té, para salchichas...).

« Me gusta la pinza para azucarillos, parecen garras que se abren y se cierran para coger las cosas. »

Lisea, 4 años

LA PALANGANA CON AGUA

Esta actividad permite verter y trasvasar de varias maneras, utilizando recipientes muy diversos. ¡Un juego de exterior!

Preparar la actividad

Necesitarás

- Una palangana
- Botellas, coladores, regaderas, cucharas, embudos...

- Llena de agua la palangana.

- En esta actividad no hace falta hacer una presentación, ya que los niños enseguida se divertirán de forma natural vertiendo, llenando, vaciando, regando...

Variación con sémola

Según la estación del año, **se puede sustituir el agua por sémola.** En ese caso debes poner un paño bajo la palangana para que los granos caigan en él.

EL ARENERO EN MINIATURA

Este juego contribuye a relajar y tranquilizar al niño, ya que se emplean pequeños utensilios para trasvasar la arena. Suelo proponérselo a los niños para que recuperen su paz interior.

Preparar la actividad

Necesitarás

- Un cajón de madera o de plástico con tapa (de 33 cm de ancho, 41 cm de largo y 6,5 cm de alto)
- Una pala
- Un rastrillo
- Un palito
- Arena
- Piedras pequeñas o conchas

- Llena de arena el cajón de madera o plástico. Coloca el resto de los materiales.

- Enséñale al niño que puede usar los dedos, la pala u otros objetos para trasvasar la arena y hacer en ella marcas, dibujos o letras, que luego podrá borrar.

- También existe la posibilidad de enterrar los objetos en la arena para que desaparezcan y luego vuelvan a aparecer.

Truco: Yo suelo acompañar esta actividad con una música suave que evoque la naturaleza.

« Me gusta hacer marcas en
el cajón de arena porque es
muy suave. »
Laura, 5 años

LAS JERINGUILLAS

Esta actividad permite desarrollar la agilidad y la fuerza en los dedos y los puños.

Explicarle la actividad al niño

Necesitarás

- Una bandeja
- 2 vasos iguales
- Una botellita de agua
- Varias jeringuillas de distinto tamaño, sin aguja
- Un embudo pequeño

- Desenrosca el tapón de la botella, vierte el contenido en uno de los vasos y a continuación, valiéndote de una jeringuilla, trasvasa el agua al otro vaso.

- Es importante nombrar los objetos: «Esto es una jeringuilla, pero no una inyección. La jeringuilla es el instrumento que sirve para poner inyecciones. Esto es un embudo».

- Puedes ejecutar estas acciones con las dos manos.

- Una vez que haya terminado, solo quedará llenar la botella con el agua del vaso usando el embudo y, por último, cerrarla.

Conseguir jeringuillas

Puedes pedirle jeringuillas a un auxiliar sanitario
o a un veterinario. Este último podrá conseguirte
de las grandes, que se usan, por ejemplo, con
los caballos.

« ¡Me gustan las jeringuillas
y el agua porque es
muy *díver*! »
Florian, 4 años

TRASVASAR AGUA CON UNA ESPONJA

Esta actividad permite aprender a escurrir una esponja.

Explicarle la actividad al niño

Necesitarás

- 2 bandejitas o dos cuencos
- Una esponja

- Llena de agua uno de los recipientes, en función del tamaño y de la capacidad de absorción de la esponja (unos 2 cm de agua).

- Muéstrale al niño el recipiente en el que se encuentra el agua.

- Introduce la esponja en el recipiente. Haz que el niño observe cómo absorbe el agua la esponja.

- Una vez que la esponja haya absorbido por completo el agua, dale la vuelta al recipiente para que vea que no queda nada. «¿Dónde está el agua?»

- Entonces, escurre totalmente la esponja con las dos manos encima del otro recipiente y haz que el niño compruebe que el agua ha regresado al recipiente.

- Por último, proponle al niño que realice la actividad.

Truco: En tiendas de bricolaje encontrarás esponjas naturales de buen tamaño, que sirven para limpiar paredes antes de hacer obras. Te bastará con la mitad de una.

EL CUENTAGOTAS

Este material sirve para afinar el gesto y adquirir precisión.

Explicarle la actividad al niño

Necesitarás

- Una bandeja
- Un frasco
- Colorante alimentario
- Un cuentagotas de rosca
- Una caja de pinturas vacía
- Una esponja
- Un trozo de papel de cocina

• Llena el frasco con agua y colorante alimentario.

• Coloca en la bandeja todo el material.

• Con ayuda del cuentagotas, enséñale al niño cómo debe apretar la perilla para que suba el líquido y a continuación echa una gota en cada hueco de la caja de pinturas. **Para ello, es preciso apretar con suavidad.**

• Si se derrama agua, enséñale al niño a usar la esponja o el papel absorbente.

• Al finalizar la actividad, vacía y lava la caja de pinturas para poder reutilizarla.

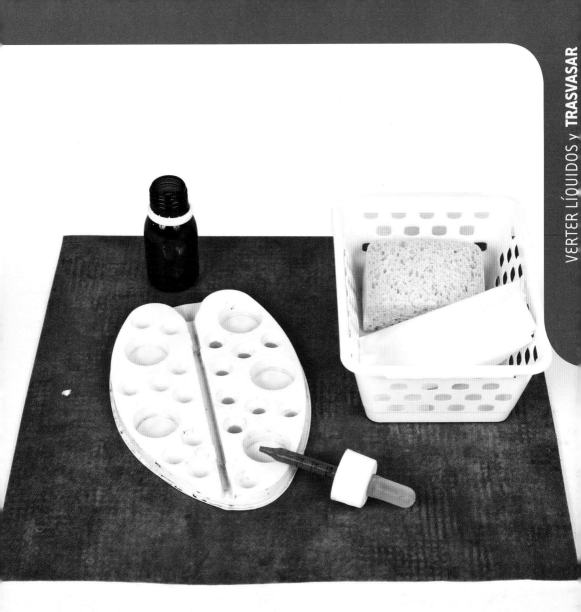

Sustituir el colorante alimentario

Si no tienes colorante alimentario, puedes usar **un poco de sirope de granadina,** por ejemplo, pero durará menos. En vez de la caja de pinturas, también puedes emplear las ventosas de una jabonera colocada bocabajo.

DESCUBRIENDO los SENTIDOS

En la pedagogía Montessori es indispensable desarrollar los cinco sentidos. El aprendizaje se hace esencialmente a través *del tacto*, *la vista, el gusto, el olfato y el oído*. Para estimularlos, te propongo diversas actividades.

Los sentidos son los órganos que sirven para captar las imágenes del mundo exterior necesarias para la inteligencia, del mismo modo que la mano es el órgano que sirve para asir las cosas materiales necesarias para el cuerpo.

Maria Montessori

LA CAJA DE LOS SAQUITOS DE TELA

Ayuda a desarrollar las facultades táctiles y la agudeza visual.

Preparar el material

- El cartón de 13 × 25 cm va a servirnos de patrón. Corta todos los trozos de tela para que tengan el tamaño de ese patrón. Necesitarás dos trozos de tela de cada tipo de tejido.

- Dobla por la mitad cada trozo de tela y cose por el revés dos de los lados.

- Vuelve del derecho el saquito, rellénalo con un poco de guata y cose a máquina o a mano para cerrarlo.

- Coloca todos los saquitos en la bandeja o la caja.

Necesitarás

- Una bandeja o una caja de plástico
- Un cartón de 13 × 25 cm
- Pares de rectángulos de tela con texturas diferentes
- Guata
- Unas tijeras
- Hilo y aguja o máquina de coser

Organizar la actividad

- Dedica un tiempo a tocar las diferentes texturas de los tejidos con el niño: «¿Cómo es? ¿Suave, áspero? ¿Rasca, pica?»...

- Junta las parejas.
- **Más adelante, puedes vendarle los ojos al niño para que se valga únicamente del tacto.**

《 Fabriqué una caja de saquitos de tela: diez cuadrados (de 15 x 15 cm) de diferentes materiales textiles (lona, hule, tul, guata, forro polar...). Reciclé una caja de helado. Es negra, pero le puse una etiqueta muy bonita, de color azul celeste, en la que escribí: "Telas". 》

Lucie, madre de día

Trucos

Usa todo tipo de retales: tela vaquera, yute, lana, algodón, terciopelo, forro polar, hule..., que puedes recuperar de prendas viejas, conseguir en tiendas de tejidos o, como en mi caso, gracias a una amable costurera. Cuando le expliqué mi proyecto, me regaló pequeños retales de los que quería deshacerse. En cuanto a la guata, podemos comprarla en bolsas en tiendas de tejidos o reciclar el relleno de cojines o peluches viejos comprados en rastrillos.

Para que haya la mayor variedad posible de tipos de tela, propón un intercambio si sois varios los educadores, padres o madres de día que vais a fabricar la caja de las telas.

LAS CAJAS DE LOS SONIDOS

Ayudan a desarrollar las facultades auditivas.

Preparar la actividad

Necesitarás

- 8 cajas opacas iguales, con su tapa
- 8 pegatinas, 4 de un color y 4 de otro
- Arena, cuentas, conchas, semillas...
- Cinta adhesiva

- Reúne ocho cajas para carretes de fotos o bien ocho botellitas de yogur líquido con tapón a rosca.
- Coloca cuatro pegatinas de un color en cuatro de las tapas y cuatro de otro color en las otras.
- Llena las cajas por parejas con: cuentas, arena, conchas, semillas o incluso cascabeles... **También se puede usar arena de diferentes texturas.**
- Condena las aberturas con cinta adhesiva para que los niños más pequeños no abran las botellas.
- Muéstrale al niño que podemos sacudir las cajas y escuchar primero con un oído y luego con el otro.
- Llama su atención sobre el hecho de que hay dos colores en las tapas. El niño no debe abrir las cajas, sino solo escuchar, incluso cerrando los ojos si le apetece.
- Mezcla las cajas.
- Dale tiempo para que encuentre las parejas. Si no lo consigue, ¡no pasa nada! No hay obligación de obtener resultados, podrá retomar el juego en otra ocasión.

Truco: Puedes utilizar más o menos parejas según la edad del niño.

EL JUEGO DE LOS OLORES

Esta actividad sirve para desarrollar el sentido del olfato, descubrir olores y reconocer aromas familiares que nos recuerdan lugares, personas...

Preparar la actividad

Necesitarás

- 8 botecitos iguales de plástico opaco (como los de yogur) o de cristal (como los tarritos mini de mermelada)
- Pintura acrílica de dos colores
- Un pincel
- Bolsitas de organza
- Cacao en polvo, café, canela, lavanda, tomillo, hojas de menta, coco rallado, vainas de vainilla...
- Cordel

- Pinta el interior de los tarros con pintura acrílica, de dos colores, para formar parejas.

- Llena de cacao una bolsita de organza. Átala bien con un trozo de cordel y métela dentro del bote. Repite la operación con las hojas de menta, el tomillo y la canela.

- El niño podrá abrir el bote y percibir el olor sin ver ni derramar el contenido.

- Abre con delicadeza los botecitos y huélelos.

- Muéstraselos al niño sin decirle qué hay dentro.

- Puede que el niño reconozca los olores. Si no los conoce, puedes hacer que los vaya adivinando: «Es una planta, lo vemos, lo comes o lo bebes por la mañana...».

- Puede que consiga encontrar las parejas.

- En otra ocasión puede llevar de casa un botecito de olores para que sus compañeros lo descubran.

Astuce

Personalmente, evito usar esencias, ya que transforman un poco el olor. No dudes en cambiar regularmente el contenido de los botes, pues los olores se atenúan rápidamente.

《¡Me recuerda a las tartas de mi madre recién salidas del horno! **》**
(coco rallado)
Anne, profesora de infantil

《¡Es cacao! En el desayuno se lo echo a la leche.**》**
Louise, 3 años

《¡Huele a papá! **》**
(granos de café)
Ethan, 3 años

EL JUEGO DEL GUSTO

Esta actividad desarrolla las sensaciones gustativas.

Preparar la actividad

Necesitarás

- Una bandeja
- Tarritos o vasitos
- Diferentes alimentos: fruta fresca o frutos secos, chocolate, verduras, copos de cereales al natural, queso...
- Un palillo de madera por cada niño, para coger los alimentos
- Una servilleta de papel
- Una venda, para los niños que deseen probarlos con los ojos cerrados

- Cubre la bandeja con una servilleta de papel.

- Distribuye los distintos alimentos por los tarritos. Coloca los tarritos y los palillos en la bandeja.

- Los niños se reúnen en torno a una mesa para un juego de degustación. Los que lo deseen pueden ponerse una venda en los ojos.

- Dale a cada niño un palillo desechable o una cuchara, que conservará durante todo el juego.

- Empieza por el alimento que prefieras. En caso de que se trate de niños pequeños, basta con cuatro alimentos. Aumenta el número en función de la edad y los intereses de los niños.

Variación

En los talleres que hago en colegios o en centros de madres de día, les ofrezco una bandeja con trozos de plátano o de mandarina, de chocolate negro con sal, con piñones... Resulta interesante hacerles distinguir los diferentes sabores: dulce, salado, ácido, amargo, pero también blando, crujiente, tierno, agradable... ¿Y por qué no incluir alimentos originales e insólitos? Tanto adultos como niños se prestan fácilmente a este juego.

LAS PLANCHAS LISAS Y RUGOSAS

Esta actividad permite mejorar el sentido del tacto del niño y desarrollar el control de los músculos y la flexibilidad de los dos puños. También permite relajarse si dedicamos un tiempo a tocar suavemente cada tira.

Preparar la actividad

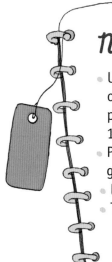

Necesitarás

- Un cartón grueso o un trozo de plancha de 15 × 30 cm
- Papel de lija de grano 80
- Pegamento fuerte
- Tijeras

- Corta cinco tiras de papel de lija de unos 3 cm de ancho por 30 cm de largo.

- Pega las tiras de papel de lija en el cartón, dejando una separación de 3 cm entre ellas.

- Ayuda al niño a recorrer lentamente la primera tira con los dedos índice y corazón, de izquierda a derecha.

- Repite la operación sucesivamente en cada tira, al tiempo que vas diciendo: «Suave, áspero».

Truco

Te aconsejo que confecciones tableros más grandes
para que el niño pueda tocar con toda la mano. Puedes
proponerle al niño que cierre los ojos para concentrarse
únicamente en el sentido del tacto.

LAS TABLILLAS ÁSPERAS

He aquí un juego fácil de elaborar y que permite desarrollar el sentido del tacto tocando primero una superficie suave y luego otras cada vez más ásperas.

Preparar la actividad

Necesitarás

- 10 rectángulos de madera o cartón grueso de 7 × 4 cm
- 5 trozos de papel de lija de 7 × 8 cm, cada uno con distinto grano (60, 80, 120, 160, 240)
- Pegamento fuerte
- Tijeras
- Una caja para guardar las tabletas

- Corta los trozos de papel de lija por la mitad, longitudinalmente, para obtener diez fragmentos de 7 × 4 cm.
- Pégalos en los rectángulos de cartón. Tendrás cinco pares de tabletas ásperas.
- Saca las tabletas y colócalas delante del niño.
- Coge una tableta, sepárala y coloca las demás en un montón.
- Toca esa tableta recorriéndola suavemente con los dedos y busca su pareja en el montón.
- Cuando encuentres una pareja, ponla aparte. Mezcla el resto en un montón y continúa.
- Propón al niño que siga buscando parejas, con los ojos abiertos o cerrados.
- Al finalizar el juego, el niño colocará las tabletas en la caja.

Truco

Puedes recoger cartón de los contenedores que hay frente a las tiendas los días de recogida (que puede variar según el municipio). No tengas miedo: ¡están doblados y limpios!

LA «MISTERIOSA» CAJA PARA TOCAR

Permite expresar lo que sentimos cuando tocamos algo: «Es suave, rasca, es áspero, es duro, es líquido, está caliente, está frío...».

Explicarle la actividad al niño

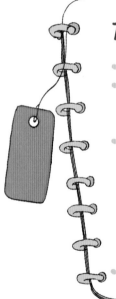

Necesitarás

- Una caja
- Varios tarritos con tapa o una caja con compartimentos
- Diferentes materiales para meter dentro: arena, piedras, algodón, pasta de sal, agua caliente, nada (para sentir el vacío), semillas grandes...
- Una venda para los ojos

- Llena cada tarrito con un material distinto.
- Proponle al niño vendarle los ojos para realizar un juego de tacto.
- Coge su mano y ayúdalo a tocar las diferentes texturas contenidas en los tarros.
- El niño puede expresa lo que siente: «Está caliente, frío, es suave, duro, blando, rasca...».
- Cuando termina, el niño tapa los tarritos y los guarda en la caja.

« ¡Ay, ay! *Rascaduro!* (Al tocar
una piedra, quería decir «¡Rasca y
está duro!»). »
Leo, 4 años

LA BOLSA MISTERIOSA

Este juego permite perfeccionar el sentido del tacto: el niño adivina qué hay en la bolsa.

Invitar al niño a jugar

Necesitarás

- Una caja
- Una bolsa de tela que se pueda cerrar
- Objetos pequeños y variados

- No es necesario presentar el material.

- Coge la bolsa y mete la mano dentro para tocar un primer objeto. Descríbelo («Pincha, es suave, es áspero...»). Nombra el objeto antes de sacarlo para comprobarlo.

- Proponle al niño que juegue.

- Hay que cambiar el contenido de la bolsa a menudo. Se pueden hacer bolsas misteriosas temáticas: animales, estaciones... También se pueden usar parejas de objetos: el niño elige un objeto en la caja y debe encontrar la pareja en la bolsa.

Truco de la asociación «Les doigts qui rêvent» [Dedos que sueñan]

En vez de una bolsa se puede usar una camiseta lisa para un niño de entre dieciocho y veinticuatro meses. Se cose el cuello y luego se coloca una cremallera o una tira de velcro en la abertura del bajo para poder meter los objetos. Basta con que los niños introduzcan las dos manos por las mangas para tocar los objetos.

Caja misteriosa

BOTELLA

« ¡Fabricar una bolsa de los secretos con una bonita camiseta, eso es lo que más me atrajo! Se trata de un objeto que los niños conocen bien y que resulta fácil de manipular, es una gran idea. »

Anne-Marie, madre de día

EL TUBO DE CUENTAS

Este juego sirve para desarrollar la agudeza visual.

Preparar la actividad

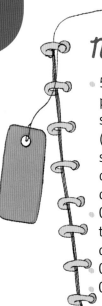

Necesitarás

- 5 tubos de cristal o de plástico, como los que se usan para los análisis (los encontramos con salsas para ensalada o con peladillas para las ceremonias)
- Cuentas del mismo tipo, pero de diferentes colores
- Cinta adhesiva blanca
- Cinta adhesiva azul

- Mete en un tubo las cuentas que prefieras. Por ejemplo: dos cuentas doradas, una azul, una blanca, tres rojas, dos verde claro, una verde oscuro, una amarilla.

- Pega un trozo de cinta adhesiva blanca en el tubo.

- Prepara los otros cuatro tubos: uno será igual que el primero y los otros tres, diferentes. Estos cuatro tubos se identificarán mediante cinta adhesiva azul.

- Enséñale al niño el tubo blanco y ayúdalo a nombrar las perlas en voz alta: «dos perlas doradas, una azul, una blanca...».

- Muéstrale los otros tubos. Tiene que encontrar el que es igual.

Truco: Según la edad del niño, podrás aumentar el número de tubos.

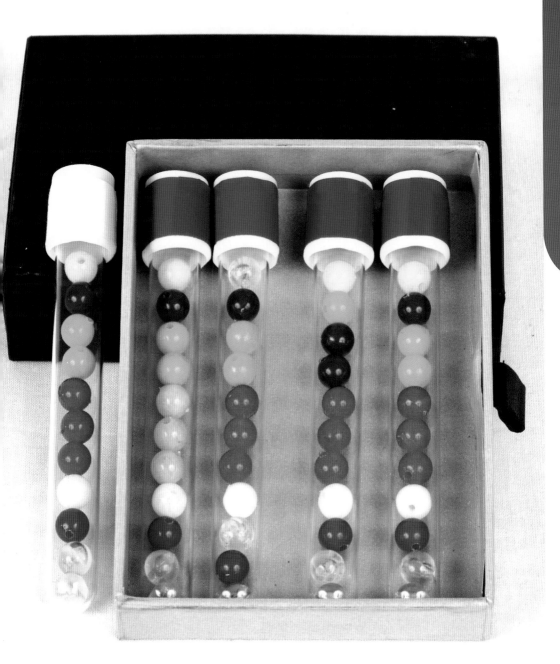

EL MAQUILLAJE IMAGINARIO

Esta actividad permite desarrollar la imaginación, la minuciosidad, el respecto al otro.

Organizar la actividad

Necesitarás

- Un pincel pequeño o un bastoncillo para los oídos
- Un tarrito con agua
- Discos de algodón

- Invita al niño a realizar un dibujo imaginario en la cara del otro niño con ayuda de un pincel pequeño mojado en agua.
- Los niños suelen escoger dibujar animales, flores...
- Al terminar, el niño usa un disco de algodón para limpiar y borrar sus dibujos imaginarios.

 Truco: Se puede dibujar con agua en otras superficies, como un plato de pizarra, una tabla de madera o, al aire libre, en piedras, baldosas de la terraza...

LA PASTA DE SAL

La pasta de sal permite tocar, manipular y dar forma a objetos, trazar marcas... ¿Y por qué no probarla? ¡No es peligrosa, aunque sí muy salada!

Preparar el material

Necesitarás

- 1 vaso de sal fina
- 2 vasos de harina
- Un poco de agua templada
- Una cucharada de aceite
- Una ensaladera
- Papel film

- Mezcla la sal y la harina en la ensaladera. Añade el agua templada y el aceite y sigue mezclando hasta obtener una pasta homogénea.

- Cubre la pasta inmediatamente con papel film y deja que repose una hora.

- Cuando la pasta haya reposado una hora, proponle al niño que agarre un poco y haga una figura. Si te pide ayuda, enséñale a hacer una bola, un rulo...

- Deja que repose doce horas.

- Precalienta el horno a 100°. Cuece los objetos durante unas dos horas.

Truco: Además de poder pintarla con pincel después de la cocción, se puede colorear la pasta de sal, antes de cocerla, con acuarela, pintura acrílica o colorantes naturales.

RECORRIDO SENSORIAL DESCALZOS

Esta actividad desarrolla la sensibilidad de la planta del pie.

Organizar la actividad

Necesitarás

- 4 cajas de madera o 4 palanganas de plástico
- 4 materiales distintos para llenarlas: arena, algodón (por ejemplo, relleno para cojines), castañas, agua, hojas secas, papel de aluminio...
- Una toalla

- Llena cada caja con un material diferente.

- Forma un camino con las cajas. Coloca la toalla al final, para que los niños puedan secarse los pies.

- Los niños, descalzos, van pasando a su ritmo de caja en caja, al tiempo que expresan sus sensaciones: frío, caliente, suave, áspero, doloroso, agradable...

- En función del número de niños y de su edad, aumenta el número de cajas.

- Como con las demás actividades, te aconsejo que pruebes los materiales para ser consciente de lo que van a experimentar los niños.

Truco: Puedes proponer a los niños mayores que hagan el recorrido con los ojos cerrados. Para ello, se pondrán por parejas, lo cual también permite desarrollar la confianza en los demás.

MISTER *APPLE CRUMB*

Esta receta de cocina original, vistosa y deliciosa permite descubrir diferentes variedades de manzana y una especia, la canela, que los niños han podido oler en el juego de los olores.

Receta del *apple crumb*

Necesitarás

- 6 manzanas de tu elección (dulces, acídulas, verdes, rojas, amarillas...), que servirán tanto de recipiente como para hacer el relleno
- 2 cucharadas de canela
- 125 g de mantequilla blanda y un pedacito más
- 125 g de harina
- 125 g de azúcar
- 125 g de almendra rallada

- Precalienta el horno a 210°.

- Vacía las manzanas, rascando con suavidad con una cucharilla. Echa la carne en una cacerola con la canela y ponla al fuego con un pedacito de mantequilla. Reserva.

- Mezcla el agua y el azúcar en un cazo para hacer el caramelo. Añade las manzanas cocidas para que se empapen bien.

- En una ensaladera mezcla la mantequilla ablandada, la harina, el azúcar y la almendra rallada. Forma bolitas de masa con una cucharilla.

- Métalas al horno 15 minutos.

Y también...

Para el caramelo
- Agua
- 100 g de azúcar

Para la decoración
- Caramelos
- Frutos secos o fruta fresca
- Palillos

Hacer los hombrecitos

Cada uno hace su «Mister Apple Crumb»: rellena la manzana que habías vaciado con la carne cocida y cúbrela con el *crumble,* como si fuese un sombrero. Decora el exterior de la manzana. Utiliza los palillos para tallar la boca. Pincha caramelos o frutos secos para formar los ojos, la nariz y las orejas. Y, para el pelo, usa espaguetis de gominola.

«Ideé esta receta para hacer que los niños descubran sabores al tiempo que se divierten.»
Amandine Sicoit,
creadora de dulces
para niños

LA CASITA DE MUÑECAS

Este juego visual permite a los niños buscar las diferencias entre los objetos de la foto y los que se han añadido a la casita de muñecas, como en el juego de las siete diferencias.

Preparar el material

Necesitarás

- Una caja de zapatos
- Materiales para decorar (tela, encaje, lazos, descartes de suelo de vinilo o de moqueta)
- Objetos pequeños de todo tipo (figuritas, animales, botones, cuentas, trozos de madera...)
- Una pistola de pegamento
- Unas tijeras
- Una cámara fotográfica
- Una impresora
- Un trozo de cartón

- Cada uno elige una caja de un tamaño y a continuación extiende por la mesa todos los objetos elegidos para crear el interior de una habitación, una cocina, un jardín...

- Empieza por forrar el interior de la caja con tela u otro material.

- Vete poniendo pequeños objetos que den vida a tu casita de muñecas.

- Una vez que hayas creado una atmósfera, sácale una foto y colócala según te parezca otros objetos para terminar la casita.

- Imprime la foto y pégala en un trozo de cartón.

《 Me encanta jugar a las siete diferencias en las revistas de pasatiempos para las vacaciones. Es como la casita de muñecas, solo que esta es más bonita, porque se puede tocar los objetos y distinguirlos «de verdad». 》

Paul, 8 años

El objetivo del juego es observar con atención la foto y la casita de muñecas para descubrir los objetos que se han añadido.

La **CLASIFICACIÓN**

Desde muy pequeños, los niños tienen una predisposición natural para clasificar. Podemos proponerles diversas actividades para que adquieran *soltura* *y mejoren su agudeza visual*. Los juegos sirven para ayudar al niño a clasificar colores, formas, texturas, tamaños...

No eduquemos a nuestros hijos para el mundo de hoy. Ese mundo ya no existirá cuando sean mayores. Por ello, como prioridad, debemos ayudar al niño a cultivar sus facultades de creación y de adaptación.

Maria Montessori

LA TORRE ROSA

El niño trabaja la lógica e inicia su capacidad de juicio. Así, se prepara para las matemáticas, educa el sentido de la vista, al tiempo que desarrolla la musculatura del puño y la capacidad de concentración.

Necesitarás

- 10 cubos de madera rosa, de 1 cm a 10 cm de arista. Los cubos deben ser macizos para que su peso vaya aumentando de forma significativa.

Tres ejercicios

Ejercicio 1

- Pídele al niño que vaya a buscar los diez cubos de la torre, que los traiga y que los coloque aleatoriamente por la alfombra.
- Ve cogiendo cubos y compáralos con los demás utilizando las palabras «el grande», «el pequeño», «el más grande», «el más pequeño». Pon los cubos unos encima de otros para formar una torre armoniosa.
- Proponle al niño que haga lo mismo.

Ejercicio 2

- Pídele al niño que separe el cubo más grande y el más pequeño. Enséñale el grande diciendo «Es el grande» y el pequeño diciendo «Es el pequeño». A continuación, pídele: «Enséñame el grande», «Enséñame el pequeño».

Ejercicio 3

- Toma un cubo de la torre rosa y pídele al niño que te dé uno más pequeño o más grande.

Elegir los cubos

En tiendas puedes encontrar torres con otras formas, que también te pueden servir. Pero **cuidado con escoger bien y no multiplicar los conceptos:** colores, ruidos, formas..., ya que esto puede interferir con el aprendizaje. **Puedes hacer estos ejercicios con cilindros encajables** de tamaños diferentes o con paralelepípedos rectangulares de madera maciza y dura (por ejemplo, haya), de un largo de 20 cm y una altura que vaya de 1 × 1 cm a 10 × 10 cm: es la escalera marrón de Maria Montessori.

« He cogido la torre rosa, me gusta colocar los cubos por tamaños. Primero se coloca el más grande. Luego, el que es un poquito más pequeño... Y se acaba con el más pequeño de todos. »

Carl, 5 años

LAS BARRAS AZULES

Esta actividad enseña a calibrar y comparar diferentes longitudes.

Preparar el material

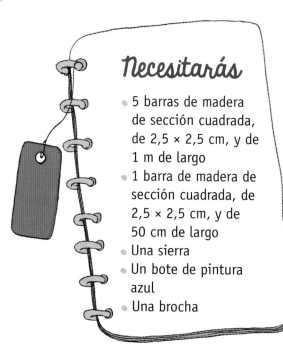

Necesitarás

- 5 barras de madera de sección cuadrada, de 2,5 × 2,5 cm, y de 1 m de largo
- 1 barra de madera de sección cuadrada, de 2,5 × 2,5 cm, y de 50 cm de largo
- Una sierra
- Un bote de pintura azul
- Una brocha

- Corta con la sierra una de las barras de un metro de largo en dos trozos, uno de 10 cm y otro de 90 cm; luego una segunda barra en dos trozos, uno de 20 cm y otro de 80 cm; una tercera en un trozo de 30 cm y otro de 70 cm; y, por último, una cuarta barra en un trozo de 40 cm y otro de 60 cm.

- Obtendrás así diez barras de madera, cuya longitud oscilará entre los 10 cm y el metro, incrementándose de 10 en 10 cm.

- Pinta las barras de color azul.

- Más adelante, puedes pintar las barras alternando los colores rojo y azul cada 10 cm: la barra de 10 cm será roja y las barras de 30, 50 y 70 cm también lo serán en los extremos. Estas barras permiten abordan el aprendizaje de los números del uno al diez.

Explicarle la actividad al niño

- Proponle al niño que vaya a buscar las barras de una en una y que las coloque aleatoriamente por la alfombra.
- Coge en primer lugar la barra más larga y ponla a la izquierda, en el borde de la alfombra.
- Sigue con las otras barras de mayor a menor. Comprueba su tamaño comparando cada barra con las demás, para mostrarle al niño que también puede hacerlo si tiene dudas sobre el tamaño de una barra.
- Repite esta operación hasta que todas las barras estén alineadas a la izquierda, unas junto a otras, de la más larga a la más corta.
- Puedes usar las barras para medir muebles... o a los niños: «¡Eres tan alto como la barra más larga!». Pueden medirse ellos mismos o medir objetos superponiendo dos barras a lo alto: «Mi cama es tan alta como ... barras».

LAS MATRIOSKAS

Este precioso juego está lleno de sorpresas. Permite desarrollar la agudeza visual, yendo de la muñeca más pequeña a la más grande.

Explicarle la actividad al niño

Necesitarás

- Una matrioska con cinco, ocho o diez muñecas

- Dedica un tiempo a mostrarle la matrioska al niño: pocos las conocen.

- Enséñale la primera muñeca: puedes contarle su historia, de donde viene...

- Sacúdela: ¡Hace ruido! Los ojos del niño brillan: «¿Qué es?» Ábrela y sigue la historia con la segunda muñeca.

- Sigue contando la historia hasta llegar a la muñeca más pequeña. Los niños no saben hasta dónde llega ni si hay final. Ve colocando las muñecas una junto a otra, de mayor a menor.

- Por último, vuelve a colocarlas empezando por la más pequeña. ¡Vigila a los niños de menor edad, pues podrían atragantarse con ella!

Variación con otros objetos

Puedes emplear todo tipo de objetos que se puedan clasificar de mayor a menor, como las series de cajas de café, harina, etcétera, que se pueden encontrar en anticuarios o las cajas encajables.

《 Cada vez que abro una matrioska, canto una canción o cuento una historia. 》
Béatrice, animadora en un centro de madres de día

LA HUCHA DE TAPONES

Esta actividad, que les encanta a los niños más pequeños, a partir de los dos años, permite aumentar la agilidad de los dedos y favorece la diferenciación de los colores y la concentración.

Preparar el material

Necesitarás

- 2 cajas con tapa de plástico blando
- Tapones (similares a los de las botellas grandes de leche) rojos y azules
- Cinta adhesiva de color

- Haz una abertura en la tapa de las cajas, del tamaño de los tapones.

- Protege el borde de la abertura con la cinta adhesiva.

- Puedes usar un bote de leche en polvo para bebés con su tapa para fabricar la caja.

Variación: Si al niño le gusta este juego, proponle otro similar con palillos, que consiste en introducir palillos en un tarro. Para ello, se usan palillos de aperitivo a los que les habremos quitado la punta. Se puede emplear un azucarero grande o un tarro de mermelada cuya tapa perforaremos.

Explicarle la actividad al niño

- Muéstrale al niño la primera caja, saca todos los tapones y enséñale el gesto que sirve para meter el tapón por la abertura. Proponle que coja un tapón y repita la operación.

- La siguiente vez, cuando el niño esté listo, incluye en el juego la segunda caja con tapones de un color diferente.

- Cuando el niño domine el juego, proponle una variación creando una hucha de tarjetas (de teléfono o de tiendas, por ejemplo).

LA SAL

Esta actividad permite separar la sal gorda de la sal fina con ayuda de un colador.

Organizar la actividad

Necesitarás

- Una bandeja
- Un paquete de sal fina
- Un paquete de sal gorda
- Un cucharón
- Una ensaladera
- 2 cuencos
- Un cepillo pequeño y un recogedor

- En una ensaladera grande, mezcla la sal fina y la sal gorda.
- Coloca la ensaladera, los cuencos, el colador y el cucharón en la bandeja.
- Delante del niño llena el cucharón con sal y viértelo en el primer cuenco a través del colador. En este quedará solo la sal gorda.
- Echa la sal gorda en el otro cuenco.
- Tras la demostración, proponle al niño que lo haga él.
- Una vez que ha terminado, el niño vuelve a mezclar la sal gorda y la sal fina en la ensaladera, para la siguiente vez.
- Si se le cae sal fuera de la bandeja, enséñale a recogerla con el cepillo y el recogedor.

《 Me gusta el juego de la sal, una vez la probé para ver si de verdad era sal, luego usé el colador como para hacer arena fina, en el patio del cole. 》
Bastien, 4 años (2º de infantil)

LAS CUENTAS

Este juego permite aprender y visualizar los diferentes colores, clasificando cuentas.

Explicarle la actividad al niño

Necesitarás

- Una bandeja
- Cuentas grandes de madera, de diferentes colores y con la misma forma
- 3 cestitas o bandejitas

- Coloca las cuentas en una de las cestas.

- Pon las cestas en la bandeja.

- Coge dos cestas y enséñale las cuentas al niño: «Esta es rosa, esta es azul...». Coloca las perlas en la cesta del color correspondiente. «En cada cesta, las cuentas son iguales».

- Aumenta la dificultad pasando a tres, cuatro o cinco colores.

- Enséñale al niño a colocar las cuentas.

- Ahora que conoce el material, puede usarlo cuando lo desee y durante el tiempo que necesite.

Truco: En vez de jugar con las diferencias de color, también podemos jugar con las diferencias de forma.

EL JUEGO DE LOS CALCETINES

Esta actividad ofrece la ocasión de divertirse clasificando.

Preparar la actividad

Necesitarás

- Una cesta
- Una caja
- 10 pares de calcetines diferentes
- Pinzas de la ropa

- Coloca los calcetines en la primera cesta y las pinzas en la caja.

- Proponle al niño que juegue a encontrar los pares de calcetines.

- Une cada par con ayuda de las pinzas.

- Cuando el niño termine, puede colocar el material.

Cómo conseguir calcetines

En vez de comprar calcetines nuevos, puedes pedírselos a madres de bebés que ya no los utilicen. Con niños un poco mayores, también puedes proponerles que clasifiquen parejas de pendientes de fantasía.

LA BOLSA DE LAS BARATIJAS

Este material sirve para desarrollar la agudeza visual y para aprender a reconocer los objetos que son iguales o parecidos.

Explicarle la actividad al niño

Necesitarás

- Una bandeja
- Una bolsa
- Diferentes objetos (canicas, objetos de la naturaleza, coches, tapones, conchas, frutas, animales...)
- Tantos cuencos o cestitas como grupos de objetos

- Distribuye los objetos por la bandeja y muéstrasela al niño.

- Proponle que te ayude a colocarlos clasificando los objetos en las distintas cestas, según diferentes criterios: los tapones, las frutas, etcétera.

- Una vez que los objetos estén clasificados, el niño los mete en la bolsa para usarlos la siguiente vez.

Reciclar materiales

A menudo reutilizo las bolsas de plástico que se usan en las tiendas para proteger los cojines o las cortinas. También pido en tiendas de artículos infantiles las bolsitas transparentes o las fundas en las que vienen los bañadores o la ropa interior: la mayoría de las veces, los comerciantes las tiran y son muy útiles para guardar o clasificar materiales.

LA CAJA DE LOS BOTONES

Permite a los niños más pequeños, a partir de dos años (si no se meten los botones en la boca), practicar clasificando y desarrollar así su agudeza visual.

Preparar la actividad

Necesitarás

- Una bandeja
- 3 series de botones claramente distintos
- 3 cuencos pequeños o una caja con compartimentos
- Una foto de los botones colocados, para permitir al niño orientarse y que su autonomía evolucione

- Coloca los botones en una bandeja.

- Proponle al niño que clasifique los botones: debe elegir uno y a continuación colocarlo en un compartimento, como en la foto. Primero puede buscar todos los que son iguales y luego todas las *familias* de botones.

- Cuando termina, guarda la caja con los botones clasificados.

Truco: Ve aumentando el número de series. También puedes sustituir los botones por distintas semillas: habas, pipas de calabaza...

«¿FLOTA O SE HUNDE?»

Este juego científico, que a los niños les encanta probar, permite observar qué flota y qué se hunde, y distinguir criterios de flotabilidad.

Preparar la actividad

Necesitarás

- Una palangana
- Diversos objetos que el niño puede ir buscando por su entorno: un tapón de corcho, una piedra, un trozo de madera, una cuchara...

- Llena una palangana hasta la mitad.

- Distribuye los objetos por la mesa y pídele al niño que elija uno.

- Debe meterlo en el agua y observar lo que pasa: el objeto flota, se hunde poco a poco, rápidamente... Podemos deducir si el objeto es pesado o ligero.

- El niño prueba con los demás objetos.

- Puedes proponer esta actividad varias veces, ya que seguramente el niño tenga ganas de probar con otros objetos que vaya encontrando.

Nota: Un barco es pesado, pero flota. En cambio, una piedrecita se hunde aunque no pesa mucho. La flotabilidad de un objeto está ligada a su forma y no a su masa, a la superficie que entra en contacto con el agua. Ejemplo: una bola de plastilina se hundirá, pero si hacemos una especie de barca con esa misma bola, no se hundirá.

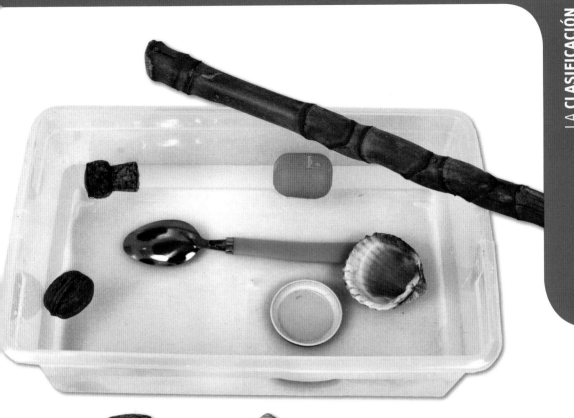

Variación para el verano

En verano se puede usar una piscina inflable para experimentar al aire libre con objetos encontrados en el jardín.

Atención: estos ejercicios se realizan siempre con la supervisión de un adulto.

«LO VIVO Y LO NO VIVO»

Esta actividad permite categorizar imágenes u objetos representativos en dos familias diferentes: lo que está vivo y lo que no lo está.

Preparar la actividad

Necesitarás

- 2 cajas de zapatos
- 2 etiquetas
- Objetos que los niños han recopilado en su entorno o imágenes de frutas y verduras, animales, casas, juguetes, etcétera, recortadas de folletos publicitarios

- Pega una etiqueta en un lateral de cada caja para diferenciarlas bien: una se dedicará a lo «vivo» y la otra a lo «no vivo».

- Proponle a un grupo reducido de niños que escojan una imagen o un objeto de los que se encuentran ante ellos y que a continuación lo describan.

- Anímalos a plantear preguntas que les permitan determinar si está vivo o no: «¿Qué es?», «¿Dónde podemos encontrarlo?», «¿Se mueve?», «¿Come?», «¿Crece?»...

- Una vez que hayan respondido a esas preguntas, los niños deben colocar la imagen o el objeto en la caja correspondiente.

- Las dos cajas pueden permanecer en la casa o en la clase durante bastante tiempo, en un lugar concreto, para que los niños vayan llenándolas a su antojo con nuevos hallazgos.

Entablar el diálogo

Antes de realizar este taller, puedes dar un paseo al aire libre con los niños y pedirles que observen lo que hay a su alrededor: piedras, árboles, flores, pájaros, caracoles, coches...

Plantéales entonces la pregunta: «¿Las piedras están vivas o no?». Tratemos de comprender cómo podemos decir de un objeto que está vivo o no, en función de qué criterios. Todo aquello

que está vivo crece, se alimenta, se reproduce y muere, como hacen los animales. Lo no vivo no conoce estos fenómenos, como, por ejemplo, una piedra.

«RASCA O ES SUAVE»

Este juego permite desarrollar el sentido del tacto descubriendo las propiedades de los materiales y los objetos y verbalizar lo que se siente al entrar en contacto con un objeto de diferentes formas: en los dedos, en la mejilla, en el brazo...

Preparar el material

Necesitarás

- 2 cajas de zapatos
- Objetos de dos tipos: suaves (un trozo de tela o de hule, un peluche pequeño, una piedra lisa, un trozo de alfombra, un ovillo de lana, una castaña...) y rugosos (un trozo de esponja exfoliante, lana de acero, papel de lija, tela de yute, corteza de árbol, un trozo de felpudo, un erizo de castaña...)
- Una cesta
- 2 etiquetas

- Coloca una etiqueta en cada caja para indicar lo que es rugoso y lo que es suave.

- Coloca en la cesta todos los objetos mezclados y ve sacándolos de uno en uno.

Variación: Puedes hacer carteles sobre el tema de lo que es rugoso y lo que es suave. Los niños pueden hacer marcas lisas o pegar arena para que tenga una textura «que rasca».

Explicar la actividad

- Los niños dedican un tiempo a observar y tocar los objetos.

- Proponles que los clasifiquen según lo que se siente al tocarlos: si son suaves y agradables al tacto o si son desagradables y rugosos. Así deciden en qué caja colocarlos.

139

Las **PINZAS**

De forma natural, a los niños les gusta observarnos e incluso ayudarnos cuando tendemos la ropa con pinzas, pero les suele costar utilizarlas. Estos ejercicios les permitirán *aprender a desarrollar la agilidad de los dedos* con vistas a abrir y cerrar una pinza y a descubrir muchas otras cosas.

Quien se concentra es
inmensamente feliz.
Maria Montessori

LA CAJA DE LAS NUECES

Esta actividad permite desarrollar la capacidad motora de los dedos y los puños.

Preparar y explicar la actividad

Necesitarás

- Una caja con compartimentos
- Nueces
- Una pinza: grande, pequeña, de madera, de plástico...

- Coloca una nuez en cada compartimento valiéndote de una pinza y alternando el uso de las manos derecha e izquierda.

- Propón a los niños que hagan lo mismo. Yo suelo decirles que deben meter cada nuez en «su casita».

- Una vez que el niño haya terminado su actividad, guardará la caja.

- Según vaya dominando el uso de la pinza, puedes ir variando su forma.

Variaciones

En vez de nueces, puedes emplear avellanas, conchas de caracol, tapones de botellas de plástico, o, **en el caso de niños un poco mayores, ¡las preciosas sorpresas** que nos encontramos en los roscones de Reyes!

LA PINZA PARA CASTAÑAS

Este taller permite desarrollar la agilidad de los dedos.

Explicarle la actividad al niño

Necesitarás

- Una bandeja de 50 × 30 cm
- Una huevera vacía
- Castañas
- Una pinza, como las que se usan para las barbacoas

- El niño va cogiendo las castañas con la pinza y colocándolas en los compartimentos de la huevera, «cada una en su casita».

- Luego vuelve a ponerlas en su sitio.

Variación

Si eres un manitas, puedes fijar la huevera en un trozo de contrachapado o en una bandeja con dos compartimentos: uno para la pinza y otro para las castañas.

《 Me gusta construir juguetes para los niños con restos de la madera que se usa en la construcción de casas, así no se desperdicia nada. 》

Fredo, carpintero

LAS PINZAS DE LA ROPA

Ayudan a fortalecer la musculatura de las dos manos.

Preparar la actividad

Necesitarás

- Una caja
- Pinzas para ropa de madera, de plástico, pequeñas, grandes...
- Pegatinas de colores

- Pon pegatinas de diferentes colores en las pinzas de madera.

- Enséñale al niño cómo se debe sujetar la pinza y cómo hay que manipularla para que se abra.

- Coloca la pinza en el borde de la caja. Proponle al niño que vaya colocando las pinzas por colores o por tamaños, de menor a mayor.

- Cuando termine, el niño guardará las pinzas en la caja.

Truco: Puedes ir variando las pinzas hasta el infinito, en función de las que vayas encontrando.

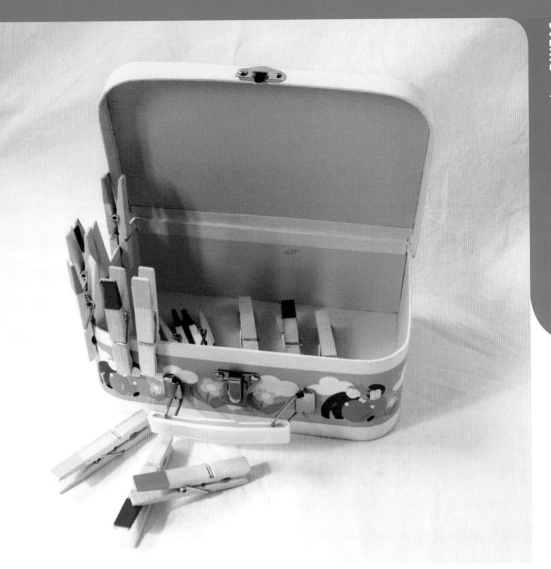

EL TENDEDERO

Esta actividad consiste en usar de forma lúdica las pinzas, imitando a los adultos.

Preparar el material

Necesitarás

- 2 listones de madera de 2 m de largo, con un diámetro de 1,5 × 1,5 cm
- 14 clavos de cabeza plana
- 2 pernos
- 6 clavos tapiceros
- Pegamento para madera
- 3 varillas metálicas galvanizadas, doradas y flexibles, de 35 cm, o tres trozos de hilo de nailon de esa longitud
- 2 cestitas
- Pinzas para ropa
- Ropita de tela

- Corta los listones de 2 m en varios trozos: 2 de 15,5 cm, 4 de 30 cm, 2 de 17,5 cm, 1 de 28, 5 cm, 2 de 20 cm y 1 de 14 cm (opcional).
- Ensambla los listones de 30 cm con uno de 15,5 cm y uno de 17,5 cm, formando una cruz, y fíjalos con los pernos. Repite la operación para hacer una segunda cruz.
- Fija los otros dos listones de 30 cm en la parte inferior, para sujetar las dos cruces, como se puede ver en la imagen.
- Perfora tres agujeros en los dos listones de 20 cm. Introduce por ellos las varillas metálicas y fíjalas. Corta el excedente con unos alicates. A continuación, tapa los extremos de las varillas con clavos tapiceros. Clava estos dos listones a las cruces, por la parte de arriba.
- Finalmente, para que aguante más tiempo, puedes clavar un listón de 28,5 cm uniendo las intersecciones de las dos cruces y otro de 14 cm entre los dos listones inferiores. Estos dos listones reforzarán la estructura de tu tendedero.

Explicarle la actividad al niño

- Llena una de las cestas con pinzas y la otra con ropa.

- Coge una prenda y una pinza.

- Enséñale al niño a colgar la prenda en el tendedero con la pinza.

- Proponle que tienda el resto.

Trucos: Si no eres un manitas, puedes hacer como una madre de día que usó un escurridor de madera a modo de tendedero. Simplemente le dio la vuelta.

Si, como me pasa a mí, tienes decenas de calcetines descabalados, utilízalos para tenderlos en el tendedero: es bonito, colorido... ¡y tus calcetines descabalados tendrán una segunda vida!

LA AMAPOLA

Esta actividad permite manipular las pinzas para ropa con objeto de realizar formas hermosas que se pueden admirar.

Preparar y explicar la actividad

Necesitarás:

- 1 cartulina roja
- 1 cartulina verde
- Una tira de fieltro
- Tijeras
- Pinzas pequeñas

- Corta un círculo de cartulina roja para hacer el centro de la amapola y una tira de color verde para formar el tallo.

- Corta pétalos de fieltro.

- Enséñale al niño a formar una flor uniendo los distintos elementos con ayuda de las pinzas.

- A continuación, proponle que lo haga solo.

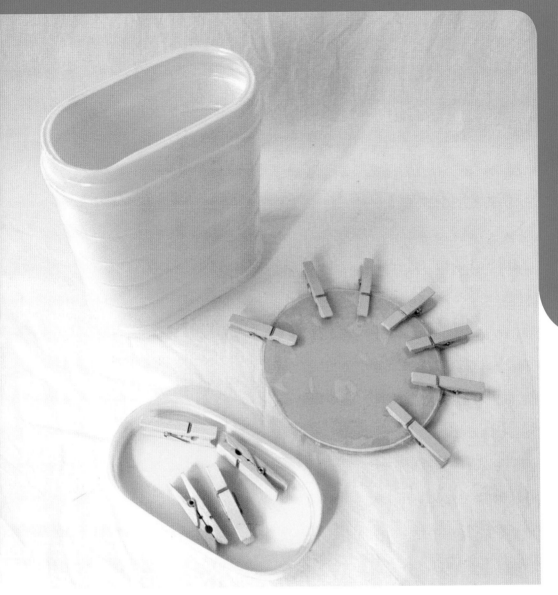

Variaciones creativas

Puedes inventar otras formas (una casa, un coche...) y añadir pinzas con mariposas, mariquitas, flores... Por ejemplo, para fabricar un sol, corta un círculo de cartulina amarilla y enséñale al niño a colocar pinzas del mismo color para formar los rayos.

EL IMÁN MÁGICO

Esta actividad permite desarrollar la precisión y aprender a usar un imán.

Preparar la actividad

Necesitarás

- Un imán
- Fichas de lotería imantadas
- Una pinza de depilar
- Una bandeja para cubitos de hielo

- Usando la pinza, coloca una o dos fichas, según prefieras, en cada compartimento de la bandeja para cubitos. Para coger las fichas, los niños pueden usar los dedos al principio y luego una pinza de depilar, con objeto de perfeccionar el gesto.

- Una vez que estén llenos todos los compartimentos, usa el imán para recoger y guardar todas las fichas.

Variación

Si no tienes imán, puedes usar **cuentas y botones,** y proponerle al niño que haga una hilera de cuentas y otra de botones.

« ¡Es magia! ¡Las fichas suben solas! »
Valentin, 3 años

Los COLORES

Para captar y reconocer bien los diferentes colores, *es necesario haberlos manipulado, tocado, clasificado, observado, probado...* A continuación se incluyen algunos juegos que permitirán a los niños hacerlo.

El desarrollo es una serie de nacimientos.

Maria Montessori

LA MESA DE EXPOSICIÓN DE LOS COLORES

Permite identificar y reconocer un color.

Preparar la actividad

Necesitarás

- Una mesita
- Objetos de todo tipo: los niños pueden recopilarlos por la casa o el aula, en el exterior...

- Muestra a los niños el color elegido en diferentes soportes: libro, póster... A continuación, proponles que busquen objetos de ese color por su entorno, en el interior o en el exterior.

- Recopila todos los objetos en la mesa de exposición. Esta estará presente durante un periodo de alrededor de tres semanas con objeto de que los niños tengan suficiente tiempo para observar los objetos y recopilar otros nuevos.

- Después, escoge otro color y repite la actividad con él.

Para ir más lejos

Suelo utilizar los cuentos *Pequeño Azul y Pequeño Amarillo,* de Leo Lionni; *Toutes les couleurs* [Todos los colores], de Alex Sanders; *Elmer,* de David McKee; ¡Hombre de color!, de Jérôme Ruillier, y *Balthazar et les couleurs de la vie et des rêves aussi* [Balthazar y los colores de la vida y también de los sueños], de Marie-Hélène Place, así como álbumes ilustrados sin texto. **Dale preferencia a fotos reales de objetos.**

EL *COLLAGE* POR COLORES

Esta actividad permite identificar los colores, cortar y pegar, exponer las obras y hacer referencia a un artista.

Preparar la actividad

Necesitarás

- Trozos de papel de todo tipo, de diversas tonalidades de un mismo color
- Objetos del mismo color: tapones, botones, plumas, lanas, telas...
- Cola blanca
- Un pincel grande
- Una hoja de papel blanco grueso

- Coloca en el centro de la mesa diferentes trozos de papel recortados por ti o por los niños, además de objetos de ese mismo color.

- Aplica la cola en la hoja de papel con el pincel.

- Los niños pegan en su hoja los papeles y los objetos que les apetezca.

- Puedes exponer las creaciones de los niños como si fueran cuadros.

« Hoy he hecho un cuadro
todo azul, es muy bonito,
mañana lo haré todo en rojo. »

Flavie, 4 años

CLASIFICAR PINTURAS POR COLOR

Esta actividad permite distinguir y clasificar los distintos colores.

Explicarle la actividad al niño

Necesitarás

- 6 tarros de distintos colores (primarios y secundarios)
- Rotuladores, lápices de colores, ceras...

- Pídele al niño que ordene por color una caja de pinturas.

Truco: Puedes reutilizar tarros de yogur o de mostaza. Basta con ponerles una pegatina o un trozo de cinta adhesiva de cada color.

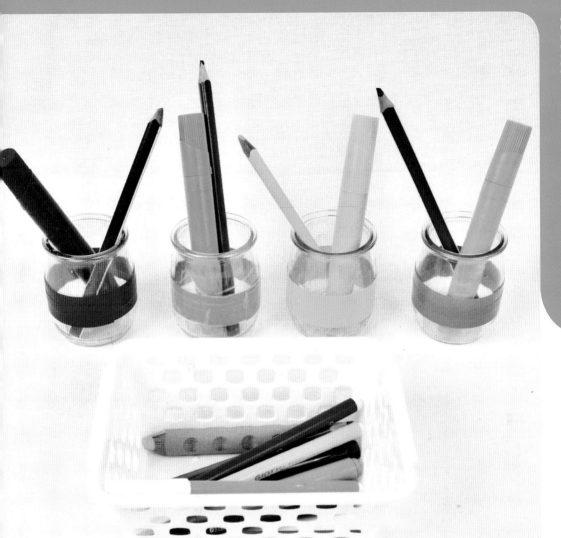

《 He invertido en botecitos de plástico transparentes de diferentes colores (1€ cada bote) para colocar los rotuladores de los niños. La clasificación es perfecta y, según Alice (tres años): "¡Los botes son muy bonitos!". Así a los niños les resulta muy sencillo elegir color. 》

Una madre de día

LA CAJA DE LAS TONALIDADES

Las cajas de colores permiten manipular los colores y clasificarlos por tonalidades. Maria Montessori ideó tres cajas. Te propongo fabricar una que sirve para abordar todos los conceptos.

Preparar la actividad

Necesitarás

- 30 rectángulos de madera o de cartón de 7 × 4 cm
- 7 tubos de pintura acrílica: azul, rojo, amarillo, verde, naranja, violeta, blanco
- Un pincel
- Un disco blanco de madera o de cartón

- Pinta un primer rectángulo de un color puro. Dale una segunda capa.
- Añade un poco de blanco al color puro y pinta un segundo rectángulo. Repite tres veces esta operación.
- Repite estas dos primeras etapas con los otros cinco colores. Así obtendrás seis series de cinco rectángulos con distintas tonalidades del mismo color.
- Enséñale al niño los tres colores primarios (azul, amarillo y rojo), mientras le dices: «Este es el azul. Este es el amarillo. Este es el rojo».
- A continuación, pídele que te enseñe primero el azul, luego el amarillo y luego el rojo.
- Por último, enséñale un color y pregúntale: «¿Qué color es?».
- Repite estas tres etapas con los otros colores.
- Una vez que el niño conozca los colores, puedes enseñarle a colocarlos por tonalidades alrededor del sol.

Variación

Empleando el mismo principio, **se puede fabricar una caja de colores primarios y** **secundarios,** creando parejas de colores: dos azules, dos rojos, dos amarillos, dos verdes... El niño debe reconocer y aprender los colores, y colocarlos por parejas.

CLASIFICAR BOTONES

Esta actividad permite clasificar y diferenciar los colores.

Explicarle la actividad al niño

Necesitarás

- Botones de formas diferentes por series de colores: amarillo, azul, rojo, verde...
- Una caja con compartimentos para facilitar la clasificación

- El niño debe clasificar los botones por colores en la caja con compartimentos.
- Cuando termine, colocará la caja en su sitio.

Variación

Para los más pequeños, también se pueden usar cuencos o bandejitas de plástico. Empieza ofreciéndoles solo dos o tres colores y pon en la bandeja una pegatina del color que deben buscar.

LOS TESOROS DE COLORES

Esta actividad permite, de nuevo, distinguir los colores clasificando objetos pequeños de todo tipo.

Preparar el material

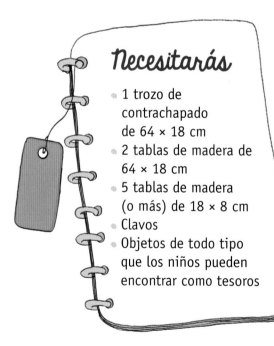

Necesitarás

- 1 trozo de contrachapado de 64 × 18 cm
- 2 tablas de madera de 64 × 18 cm
- 5 tablas de madera (o más) de 18 × 8 cm
- Clavos
- Objetos de todo tipo que los niños pueden encontrar como tesoros

Clava las dos tablas de 64 cm en el lado largo del trozo de contrachapado y las dos tablas de 18 cm en el lado ancho.

Fija las otras tres (o más) tablas a intervalos regulares dentro del cajón que acabas de construir: así obtendrás compartimentos. Si lo deseas, puedes pintarlos de distintos colores.

Variación: En el lateral de la caja, puedes pegar con masilla o con cinta adhesiva un rectángulo pintado de distintos colores. **Los niños podrán manipularlo para encontrar el color adecuado.**

Explicarle la actividad al niño

- Coloca la caja en el suelo para que todos puedan ver bien todos los objetos y todos los colores.

- Diferencia con los niños las distintas tonalidades: más claro, más oscuro...

- Es una herramienta que puede permanecer mucho tiempo en casa o en el aula e irse completando con el tiempo.

- Al final, parecerá una «obra de arte».

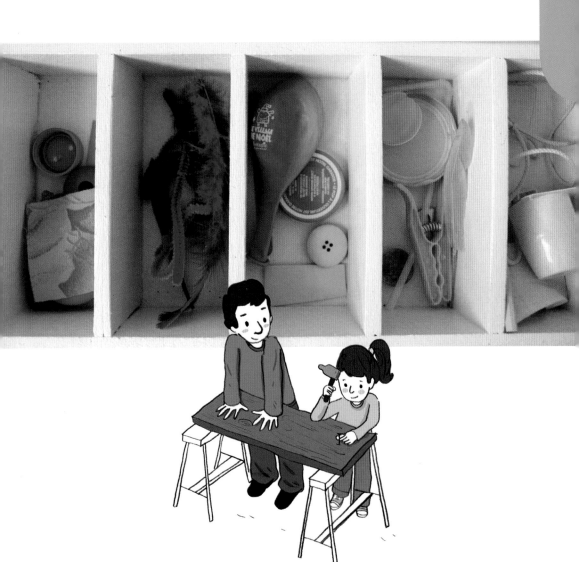

¡COMER COLOR!

A veces cuesta hacer que los niños coman verduras, ¡a no ser que la receta se vuelva mágica! Buscar los ingredientes secretos que contiene el plato enseguida se hace muy emocionante.

Receta del gratén secreto

Necesitarás

- Una calabaza de la variedad *potimarron*
- El zumo de una naranja
- 2 zanahorias
- 25 cl de nata
- 3 huevos
- Sal y pimienta

No tengas miedo de dejar que los niños participen en la elaboración de las comidas o incluso dar a los mayores la libertad de preparar un bizcocho fácil de realizar, como el de yogur.

- En una cacerola grande o en una olla exprés, cubre con agua y cuece las zanahorias y la calabaza entera con su piel, hasta que estén blandas y se aplasten fácilmente.

- Precalienta el horno a 210°.

- Mezcla en un recipiente los huevos, la nata, el zumo de naranja y la sal y pimienta.

- Después de escurrir las verduras, corta la calabaza por la mitad, quítale las semillas y pasa las zanahorias por agua fría para poder pelarlas fácilmente, si no lo has hecho antes. Bate las verduras con la mezcla de huevos y nata.

- Pon la preparación en una bandeja para horno y métela al horno durante unos 30 minutos.

- ¡Listo! Ya solo queda que los comensales adivinen los tres ingredientes secretos de color naranja.

Un pequeño plus

Guarda las semillas de calabaza, lávalas, sécalas y consérvalas en un tarro para plantarlas en primavera. ¿Y por qué no proponer de vez en cuando un menú por colores o por temas, centrado en una verdura o una fruta en concreto, presente en todos los platos?

TRES EN RAYA

Este juego permite abordar de forma lúdica las líneas horizontales, verticales y diagonales.

Preparar el material

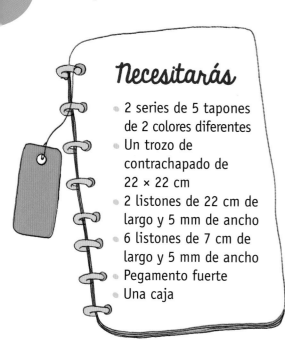

Necesitarás

- 2 series de 5 tapones de 2 colores diferentes
- Un trozo de contrachapado de 22 × 22 cm
- 2 listones de 22 cm de largo y 5 mm de ancho
- 6 listones de 7 cm de largo y 5 mm de ancho
- Pegamento fuerte
- Una caja

- Pega los listones en la plancha de contrachapado para formar una cuadrícula con 9 compartimentos.

- A modo de fichas puedes utilizar tapones de botellas de leche, por ejemplo, rojos y azules.

- Si quieres hacer más atractivo el juego, no dudes en pintarlo.

Explicarle la actividad al niño

- El tres en raya en un juego de reflexión al que se juega en parejas. Cada jugador escoge un color.

- El objetivo es crear una alineación de tres tapones: horizontal, vertical o en diagonal.

- Se juega por turnos. **Gana el primero que alinea los tres tapones.**

- Al finalizar el juego, cada uno coloca sus tapones en la caja.

Las ACTIVIDADES en el JARDÍN

Las actividades en el jardín son esenciales en el desarrollo del niño para *aprender a descubrir el mundo,* la naturaleza, las plantas, los árboles, los animales, etcétera, y así respetar el medio ambiente.

Nuestros hijos quieren descubrir el mundo: démosles las claves de esa exploración.

Maria Montessori

MI HUERTO

Aunque no tengas jardín, puedes instalar un cajón lleno de tierra: los niños podrán plantar y observar flores u hortalizas.

Preparar la actividad

Necesitarás

- Botas
- Ropa cómoda
- Guantes
- Una regadera
- Un rastrillo
- Una pala

- En invierno guarda las semillas de hortalizas como la calabaza. También puedes preparar «un jardincito invernal» en un rincón, con algunas plantas y lo necesario para cuidarlas.

- En primavera, empieza por ayudar a los niños a preparar un semillero en un pequeño invernadero (ver las actividades siguientes). Cuando hayan germinado las semillas, podrán trasplantarlas al huerto. Para ello, muestra a los niños cómo remover la tierra y enséñales a cuidar las plantas, regarlas, podarlas, observarlas... ¡y a esperar con paciencia y fascinación el fruto de su trabajo!

- Tendrán que limpiar las herramientas y guardarlas en un lugar concreto.

- Una vez que las hortalizas estén maduras, los niños pueden recolectarlas y prepararlas para degustarlas. Estarán orgullosos de su cosecha, por lo que sería de extrañar que no quisieran probarlas.

Truco

Si no dominas la jardinería, **no dudes en pedir ayuda a tus allegados** o en publicar un anuncio para buscar «un abuelo jubilado», por ejemplo, que pueda echarte una mano con tu proyecto de huerto. En nuestro caso, Jean-Yves, el jardinero, viene a nuestro taller a compartir su pasión con los niños.

GERMINAR LENTEJAS

Esta actividad permite observar la germinación de las semillas.

Preparar la actividad

Necesitarás

- Semillas de lentejas
- Una caja de CD transparente
- 2 discos de algodón

- Coloca las semillas en el algodón húmedo.

- Coloca los discos de algodón en la caja de CD.

- Deja la caja en una estancia cálida y luminosa.

- Poco a poco se irán abriendo las lentejas y día tras día irán asomando unos brotes blancos que crecerán hasta convertirse en tallos verdes cada vez más largos.

- Al ser transparente la caja de CD, los niños podrán observar de forma fácil y rápida las distintas etapas de la germinación.

Truco de Aurélie, profesora de infantil

Indica a los niños que hagan fotos de cada etapa, desde el inicio hasta el fin del proceso, para **fabricar** **un pequeño juego de cartas** que permitirá reproducir la cronología de la germinación de las lentejas. Cada día, los niños también pueden medir la longitud de los tallos y anotarlo en un cuaderno para hacer comparaciones.

PLANTAR PLANTAS

Esta actividad permite observar, medir, comparar, etcétera, las plantas que crecen.

Explicarle la actividad al niño

Necesitarás

- Plantones de tomates, calabacines, frambuesos...
- Una pala pequeña
- Una regadera pequeña
- Guantes
- Un delantal

- Enséñale al niño a cavar un agujero lo suficientemente grande como para que quepa el plantón.

- Sácalo del tiesto y colócalo en el agujero.

- Tápalo el agujero con tierra y riégalo.

- Si lo desea, el niño puede hacer de jardinero a su vez.

Para ir más lejos

¿Por qué no **intentar plantar hortalizas antiguas u originales,** que los niños conocerán menos, como la calabaza espagueti o la moscada, el rábano negro... Cuando estéis en el jardín, aprovecha para decir el nombre de las hortalizas, de las flores, de los árboles frutales. Habla de cómo cuidarlos, de lo que necesitan: luz, agua... Los niños pueden completar su investigación en libros, que podéis sacar de la biblioteca. Muchas veces encuentro libros interesantes en las ventas de juguetes de segunda mano que se organizan, por ejemplo, en los colegios, y no suelen pasar de 2€. Esto me permite tener una biblioteca muy variada y prestarles los libros a los niños para que los compartan con sus familias.

FABRICAR UN ESPANTAPÁJAROS

¿Qué mejor que un bonito espantapájaros para proteger nuestros cultivos?

Explicarle la actividad al niño

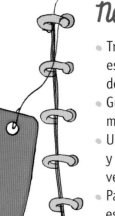

Necesitarás

- Trozos de bambú o palos de escoba para hacer la estructura del cuerpo
- Guantes de plástico para las manos
- Una camisa vieja, un pantalón y un sombreo o una gorra para vestirlo
- Paja para rellenar el cuerpo del espantapájaros
- Un trozo de tela para hacer la cabeza
- 2 tapones de leche para los ojos
- Un bote de yogur para la nariz
- ¡Un trozo de lana para su sonrisa!

- Propón fabricar un espantapájaros a un grupo reducido de niños.

Ellos mismos deben organizarse, con tu ayuda, para pensar cómo construirlo y reunir los elementos necesarios para hacerlo.

« Me gusta mucho Bob, él vigila las hortalizas. »

Rose, 3 años

EL HOTEL DE INSECTOS

El hotel de insectos permite alojar a insectos para que los niños puedan observarlos. Los insectos buenos, como las mariquitas o las avispas solitarias, resultan útiles en el huerto porque se comen a los pulgones o sirven para polinizar.

Necesitarás

- 2 listones de madera de 3,5 m × 4 cm × 10 cm
- Una plancha de contrachapado rectangular, de 48 × 45 cm
- Una plancha de contrachapado triangular, de 51 × 51 × 44 cm
- Una plancha de contrachapado de 14 × 28 cm
- 4 pletinas de ensamblaje con cuatro agujeros
- 16 tornillos
- Clavos de cabeza plana
- Cola para madera
- Un taladro con broca del 8
- Un destornillador
- Corteza de árbol
- Piñas
- Trozos de troncos de árbol
- Trozos de bambú
- Fragmentos de macetas de barro
- Hojas secas

Construir el hotel de insectos

Truco:

Los listones de madera se utilizan en la fabricación de armazones de madera. Podrás conseguirlos en carpinterías o en puntos limpios. También puedes utilizar todo tipo de tablones (de vallas, de palés...). Además, no hay ningún motivo por el que sentirse obligado a seguir las medidas: el hotel puede ser más o menos grande según tu creatividad y el espacio del que dispongas en el jardín.

- Corta los listones de madera en varios trozos siguiendo el esquema que figura en esta página.

- Pega y clava las tablas para construir la estructura de la casa. Refuerza el conjunto con las pletinas de ensamblaje y los tornillos.

- Incorpora los listones que permiten formar los distintos compartimentos, como en la foto.

- Fija los trozos de contrachapado en la parte de atrás de la estructura.

- Te aconsejo que montes el tejado en horizontal y levantes la estructura cuando todos los elementos estén ensamblados.

- Para rematarlo, puedes pegar una pieza semicilíndrica sobre el tejado del hotel.

- Haz varios agujeros en los troncos con el taladro.

- Uno o varios niños llenarán los compartimentos con los distintos materiales recuperados: corteza, piñas, bambú, fragmentos de macetas...

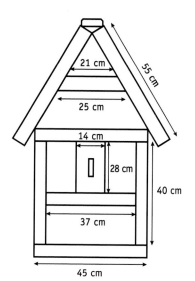

Trucos

Yo coloqué una ficha con fotos de los insectos que irían a alojarse en el hotel para que los niños los reconociesen y pudiesen llamarlos por su nombre. Te recomiendo que la plastifiques para que resista a las inclemencias del tiempo.

Insectos del jardín

Las mariquitas. Les gusta instalarse en tallos huecos, entre las hojas secas o en agujeros en la madera. Se comen el pulgón.

Las abejas albañiles. A estas pequeñas abejas silvestres les gustan los agujeritos. Son importantes para la polinización.

Los sírfidos. Su presencia en el huerto es tan importante como la de las mariquitas. Las larvas se comen el pulgón y los adultos contribuyen a la polinización. Los tallos con médula, como los de saúco, les servirán muy bien de madriguera.

Los cárabos. Estos bichitos que es fácil confundir con los escarabajos pueden ayudarte a librarte de las babosas. Les gusta instalarse en tocones viejos o en montones de leña.

Las tijeretas. Tienen predilección por pequeños refugios cubiertos y llenos de paja, por ejemplo, debajo de las macetas.

LAS MACETAS DE AROMÁTICAS

Esta actividad permite desarrollar los sentidos y descubrir aromas particulares, quizá desconocidos, así como diferenciar las hojas y los colores de distintas plantas.

Explicarle la actividad al niño

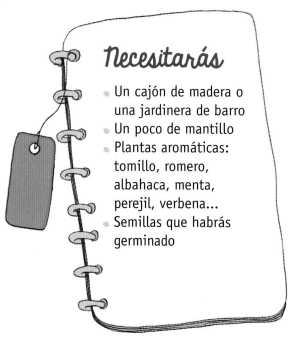

Necesitarás

- Un cajón de madera o una jardinera de barro
- Un poco de mantillo
- Plantas aromáticas: tomillo, romero, albahaca, menta, perejil, verbena...
- Semillas que habrás germinado

- Proponle al niño plantar las distintas plantas que has o habéis seleccionado.

- Junto con él, toca las hojas, huélelas, observa las diferentes tonalidades de verde.

Truco: Puedes hacer fotos y elaborar un juego para buscar la planta que se corresponda con la foto.

EL MURAL DEL BOSQUE

En otoño, los árboles se visten con un magnífico follaje de tonos amarillos, anaranjados, marrones, rojos... Es la ocasión perfecta para llevar a los niños a pasear para observar, tocar y oler los árboles.

Preparar la actividad

Necesitarás

- Un rollo de papel
- Pintura marrón, amarilla, verde
- Pinceles
- Cola blanca fuerte
- Hojas de árboles

Paseando por el bosque, toca el árbol y su corteza, observa las raíces que sobresalen del suelo, las ramas unidas al tronco, algunas finas y otras gruesas. Observa y recoge hojas de distintos colores.

Para conservar las hojas que han recogido, los niños pueden secarlas entre las páginas de un catálogo o de un libro.

Elabora el mural con un grupo reducido de niños, usando el rollo de papel. Revisa con ellos dónde se encuentran las raíces, el tronco, las ramas y las hojas. Los jóvenes artistas podrán pegar en él las hojas que han conservado entre las páginas de un libro.

Truco

En el sitio «Le jardin de Maria Montessori», en la pestaña «Biologie», encontrarás las distintas partes de un árbol, junto con otros juegos sobre botánica.

LA BÚSQUEDA DEL TESORO A LA MANERA DE MONTESSORI

Puedes inspirarte en los juegos de María Montessori para realizar una búsqueda del tesoro; por ejemplo, en una fiesta de cumpleaños. En la medida de lo posible, haz estos juegos en lugares diferentes: al aire libre, en el jardín, y dentro de casa, en distintas estancias.

Recorrido

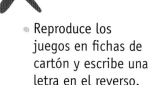

- Reproduce los juegos en fichas de cartón y escribe una letra en el reverso.

- El conjunto debe formar una palabra que permita localizar el lugar donde está escondido el tesoro.

❶ Recorrido en bici o patinete

Traza con tiza en el suelo un camino que hay que seguir en bici o en patinete.

❷ Nombrar cinco verduras y cinco frutos

Si hay muchos niños, proponles formar dos o tres equipos y, en el caso de los mayores, que encuentren frutas o verduras originales.

❸ Los cubos encajables cilíndricos

Coloca en una alfombra cuatro cubos encajables cilíndricos. Los niños tienen que cogerlos y volver a encajarlos. Si no dispones de estos cubos, puedes usar cualquier otro material que elijas.

❹ Una canción

Pide a un niño que cante la canción que prefiera, saltando a la pata coja.

Cuando las pruebas hayan finalizado, propón a los niños un juego para encontrar el lugar del tesoro

❺ La cosecha

Los niños deben encontrar en el jardín y guardar en una cesta los siguientes materiales: cuatro trozos de madera, palos o ramas, dos piedras, tres hojas diferentes, tres briznas de hierba, flores, castañas, bellotas...

❻ Una creación en grupo

Dales a los niños una cesta con materiales: hilo, lana, cinta adhesiva de color, objetos reciclados (botes de yogur, tapones...). Pídeles que construyan un objeto original, una obra común, con lo que han encontrado en el jardín y esos materiales.

❼ La merienda

Corta trozos de fruta y preparar brochetas que los niños podrán degustar. No dudes en proponerles variedades especiales de frutos secos o fruta fresca.

❽ El taller de los sentidos

Los niños deben encontrar los mismos sonidos, los mismos tejidos y los mismos olores. Puedes usar los juegos de los sentidos descritos en este libro. También se puede realizar un recorrido sensorial al aire libre.

❾ Las conchas

Esconde conchas en un arenero que habrás fabricado y pide a los niños que las encuentren.

❿ Juego de la mudanza

Acota el espacio con una cuerda o un aro: la salida y la llegada. Forma dos equipos. Prepara objetos que pesen un poco, que los niños tendrán que trasladar de un punto al otro lo más rápidamente posible.

⓫ ¡El tesoro!

¡Te toca elegir un sitio para esconder el tesoro! No hay perdedores ni ganadores, solo un grupo de niños, grandes y pequeños, que han disfrutado juntos, se han divertido y han compartido sus conocimientos. Por ello, al final entrego una bolsita con sorpresas a cada niño.

Agradecimientos

Los agradecimientos me parecen esenciales. Un libro es una parte de uno mismo que se comparte, que se transmite a los demás. Pero un libro no se hace solo, sino que reúne a un conjunto de personas, a un equipo, en el que cada uno trabaja en su campo, como en la ejecución de un puzle, donde cada pieza tiene su lugar, para realizar, al final, una obra común.

Gracias a mis hijos, gracias a ti, Nicolas, por tu confianza.

Gracias a ti, papá, que elaboraste gran parte de los materiales.

Gracias a mi familia y a mis amigos por su apoyo incondicional.

Gracias a todos los niños excepcionales que he tenido la suerte de conocer.

Gracias a vosotros, padres, educadores, madres de día, que me habéis transmitido numerosas ideas, testimonios y trucos.

Gracias a mis formadores y a la escuela Planète Montessori, por compartir conmigo su pasión...

Gracias a aquellos que, con su trabajo, han participado en la concepción de este libro, en particular a mi editorial, Eyrolles, a mi editora, Agnès Fontaine, a mis diseñadores gráficos, Pauline d'Aleman, Delphine Badreddine y Julie Charvet, a mi ilustradora, Séverine Cordier, y a mi corrector, Philippe Andouin.

Gracias a los niños y padres que han participado en las fotos.

Gracias a vosotros, lectores, por interesaros por esta pedagogía y mantener viva la filosofía de Maria Montessori.

¡Os deseo una vida larga y hermosa y, sobre todo, que disfrutéis leyendo el libro y fabricando los materiales!

Bibliografía

OBRAS DE MARIA MONTESSORI
- *L'enfant,* Desclée De Brower, París, nueva edición 2007.
- *L'Enfant dans la famille,* Desclée De Brower, París, 2006.
- *L'Esprit absorbant de l'enfant,* Desclée De Brower, París, nueva edición 2004 [*La mente absorbente del niño,* Araluce, Barcelona, 1971].

OTRAS OBRAS
- *Activités de saison d'après la pédagogie Montessori,* Brigitte Ekert, Eyrolles, París, 2001.
- *Jeux d'après la pédagogie Montessori pour favoriser l'éveil de votre enfant de 0 à 3 ans,* Maja Pitamic, Eyrolles, París, 2008.
- *Activités artistiques d'après la pédagogie Montessori pour accompagner le développement de votre enfant à partir de 3 ans,* Maja Pitamic, Eyrolles, París, 2013.

- *Éveiller, épanouir, encourager son enfant,* Tim Selvin, Nathan, París, 2013.
- *Des ateliers Montessori à l'école - Une expérience en maternelle,* Béatrice Missant, ESF Éditeur, Issy-les-Moulineaux, 2001, 6ª edición 2014.

También he consultado numerosos sitios web de colegios Montessori y de padres y educadores que usan la pedagogía Montessori a diario.

Para todos los interesados en la Pedagogía Montessori: www.montessoriparatodos.es